Collection

KOECHLIN

COLLECTION EMILE KOECHLIN

Monnaies Françaises

ET ÉTRANGÈRES

Séries de la Révolution & de l'Empire

MONNAIES DU SYSTÈME DÉCIMAL

Monnaies & Médailles Alsaciennes

MÉDAILLES DE TIR

VENTE AUX ENCHÈRES PUBLIQUES

A PARIS, HOTEL DES COMMISSAIRES-PRISEURS, RUE DROUOT, 9

SALLE N° 9

Les Vendredi 15, Samedi 16, Lundi 18 & Mardi 19 Mai 1925

A DEUX HEURES PRÉCISES

COMMISSAIRE-PRISEUR :
Me MAURICE CARPENTIER
14, Rue de la Grange-Batelière

COMMISSAIRE-PRISEUR :
Me LUCIEN LEMAIRE
3, Rue Geoffroy-Marie

EXPERT :
M. ETIENNE BOURGEY
7, Rue Drouot

PARIS

Exposition particulière :

Du 11 au 14 Mai 1925, chez M. Etienne Bourgey, expert, 7, rue Drouot (Téléphone : Central 74-64).

La vente aura lieu au comptant.

Les acquéreurs paieront 19,50 pour cent en sus des enchères.

L'authenticité des pièces est garantie.

M. Etienne Bourgey, 7, rue Drouot, se charge d'exécuter les commissions qui lui seront confiées.

L'ordre du catalogue sera suivi. L'expert se réserve le droit de diviser ou réunir les lots.

MONNAIES FRANÇAISES

1 *Louis VI* à *Henri IV*. Arg. Bill. et Cuiv. 38 p.
2 *Jean le Bon*. Gros blanc à la couronne; de poids réduit. Hoffmann 28. TB.
3 *François Ier* à *Henri IV*. Testons, francs, demi francs. Arg. 11 p.
4 *Charles IX*. Demi écu. H. 2. Or. B.
5 *Louis XIII*. Demi louis, mèche longue. H. 24 var. Or. TB.
6 5 sols. Arg. — Moulage du dix louis. Ens. 2 p.
7 *Louis XIV*. Ecu mèche courte, divisions diverses. 13 p. Arg. 11 p. Cuivre. Siège de Lille, 3 p. Ens. 27 p.
8 *Louis XV*. Divisions de l'écu, jetons. 14 p. Arg. 12 p. Cuivre. Ens. 26 p.
9 *Louis XVI*. Ecus. H. 11. 2 p. — demi écus, 5 p.; petites divisions, 6 p. Ens. 13 p. Arg.
10 Essai de la pièce de six deniers. H. 58. Cuiv. B.
11 Sols, demi sols, liards, fonderie de Maromne. 16 p.
12 Dizains, métal de cloche. Hennin. 288, 336 et 337. 8 p.
13 Essai de Duvivier. H. 51. Cuivre. TB.
14 Moulages et clichés de Dupré, Droz, Duvivier et Lorthior. Plomb. 6 p.
15 Essai de l'écu de Vasselon. H. 55. Arg. Frappe postérieure. Clichés plomb. 3 p. Ens. 4 p.
16 Ecu constitutionnel. H. 60. 1792. Demi écu, 30 sols de 1791 et 1792, 15 sols. Ens. 18 p. Arg.
17 Essai de la pièce de trois deniers, 1792. H. 82. Cuiv. TB.
18 Louis de 24 livres, 1793. H. 59. Or. TB. *Pl. I.*
19 Ecus de 1793. 2 p. Demi écu, 30 sols, 15 sols. Arg. 7 p.
20 2 sols, 12 et 6 deniers; jetons, médailles, moulages, 134 p.
21 *Révolution et Empire*. Fêtes de la Fédération, monnerons de deux sols. 9 p.

22 Monnerons de cinq sols, cinq variétés, 10 p. Monnerons de deux sols, deux variétés. Ens. 12 p. TB.

23 Monnerons de cinq sols à l'Hercule, 2 p. ; monnerons de deux sols et d'un sol ; monnerons à la pyramide. Ens. 6 p. TB.

24 Monnerons au buste de J.-Jacques Rousseau, de Lafayette ; monnerons au serment du Roi, 4 p. Ens. 6 p. TB.

25 Caisse de bonne foi, 2 sols 6 deniers, 4 p. ; caisse métallique, 18 deniers, 2 p. ; manufacture de porcelaine de la rue de Crussol, 20 et 5 sols, 7 p. ; reproduction du 10 sols, 2 p. ; Ens. 15 p.

26 Lefèvre Lesage et Cie, 20, 10 et 5 sols. 12 p.

27 Clémanson et Cie, 3 p. et une reproduction. Siège de Lyon, 3 sols, 1 p. Méd. offerte par les artistes lyonnais, métal de cloche, 1 p. Ens. 6 p.

28 Essai de Brézin. LIBRE J'OFFRE LA PAIX, tranche inscrite ; autres types à tranche lisse. Ens. 6 p.

29 Essai de Jerbault, essai du centime au bonnet phrygien, essai de Muller. Ens. 3 p. TB.

30 Essais de Mercié, Mathieu, Mouterde à Lyon. Cuivre. 2 p.

31 Pièces frappées par les artistes de Lyon : METAL DE CLOCHE etc. 2 p. variées et une fondue. Ens. 3 p.

32 Buste de Mirabeau. ℟. PURE MATIERE DE CLOCHE FRAPPÉE PAR MERCIER MATHIEU MOUTERDE ET AUTRES ARTISTES REUNIS A LYON M. DCC. XCII. TB.

33 Essai à la grue ; usé. Essais de monnaies régulières, coins de Dupré. 2 sols faisceau. ℟. POUR ESSAIE. Pique surmontée du bonnet phrygien — variété du précédent. Ens. 3 p.

34 Pièce d'essai 1792 et 1793 par Dupré, 6 p. ; frappe moderne en argent, 1 p. L'UNION FAIT LA FORCE 1793. Cuiv. Ens. 8 p. TB.

35 Essai de Tournu. — 5, 2, 1 sol du siège de Mayence, pont de Mayence, 1 kreutzer. — 2 clichés. — 4 reproductions. Ens. 16 p.

36 Ecu de six livres, l'an II, 1793. Arg. TB.

37 2 sols, sols, demi-sols aux balances, admis par décret de la Convention du 26 avril 1793. Ens. 38 p.

38 Ecu de six livres, l'an II. Lille (1794). Arg. TB.

39 Essais, frappe moderne, 3 p. — 5 décimes de Robespierre, 3 p. — Essai, an II, à tranche lisse. Ens. 7 p.

40 Essai de l'an II. LA LOI DES FRANÇOIS. La Liberté assise. Tranche inscrite. H. 605. Cuiv. TB. *Pl. I.*

41 Système décimal. 25, 10, 5 centimes de l'an III. 5 p. TB.

42 Essai de Thuillié, fondeur à Nancy. Cuiv. TB.

43 5 francs à l'Hercule. An IV. Arg. B.

44 2 décimes, décimes, 5 centimes, an IV. Cuiv. 13 p. — 5 francs, an V, 1 p. Arg. Ens. 14 p.

45 2 décimes, décimes, cinq centimes, 10 p. An 5 à 9. Cuiv. divers 57 p. Ens. 67 p.

46 Essai du centime, an 8, argent, 1 p. et cuivre 4 p. — 5 décimes, 4 p. — Centimes, 5 p. — 2 décimes de Lorthior, 1 p. Ens. 15 p.

47 Essais du 2 décimes, an 8, argent, 2 p. variées. TB.

48 2 décimes, an 8. Essais de Gengembre, buste de Lavoisier, 3 p. 5 cent. frappé à Metz. Ens. 5 p. TB.

49 5 francs de l'an 5, contremarque de la Guadeloupe. Arg.

50 5 francs. An 6, 8, 9 et 11. Ens. 4 p. Arg.

51 Un décime, l'an 8 ; autre de l'an 9 ; cinq centimes de l'an 8 ; autre de l'an 9. Ens. 4 p. frappées à Genève.

52 Essais de Saulnier, 2 p. variées. Essais de Gatteaux, 2 p. variées. Alexandre 1er de Russie. Méd. cuiv. et une refrappe argent. Ens. 6 p. TB.

53 Module du franc. IVe ANNÉE DU CONSULAT DE BONAPARTE. Arg. — Procédés de Gengembre au buste de Bonaparte. Cuiv. 4 p. — au buste de Lavoisier. Cuiv. 1 p. Ens. 6 p.

54 Essai de Gengembre au buste de Bonaparte. L'an X. Tranche inscrite. Arg. TB.

55 Procédé de Droz : EVITANDO etc. — Médaille, le retour d'Astrée. Ens. 2 p.

56 20 francs. An XI. BONAPARTE PREMIER CONSUL. ℟. REPUBLIQUE FRANÇAISE. Or. B.

57 5 francs, franc, demi franc. Ens. 3 p. Arg. TB.

58 5 francs, an XI. — Visite à l'Hotel de la Monnaie, le 21 ventose, an XI. Ens. 2 p. Arg. TB.

59 Essai d'Auguste. Module de cinq francs. NN BONAPARTE PREMR CONSUL. Son buste à dr. ℟. REPUBLIQUE FRANÇAISE. 5 FRANCS. AN XI. Victoire sur un globe, tenant une couronne et une palme. Tranche inscrite. Arg. FDC. *Pl. I.*

60 Même type, cuivre, tranche striée, frappe plus moderne. — Concours de l'an XI, 5 et 2 francs. Etain bronzé. 9 p. Ens. 10 p.

61 Franc de l'an XI, frappé à Genève. Lion et G. Arg. TB. *Pl. I.*

62 20 francs, an 12. Or. TB.

63 5 francs, 2 francs, francs, demi et quart de francs. An 12. Arg. 13 p. B. et TB.

64 5 francs, an 12, frappé à Genève, Lion et G. Demi franc, même type, usé. Ens. 2 p. Arg.

65 20 francs, an 12. NAPOLÉON EMPEREUR. ℟. REPUBLIQUE FRANÇAISE. Or. B.

66 5 francs et 2 francs. Ens. 2 p. Arg. FDC.

67 2 francs, franc, demi et quart de francs. Arg. 7 p.

68 Procédé de Gengembre, an XII. Arg. 1 p. Cuiv. 4 p. — Médaillettes, 4 p. Ens. 9 p. TB.

69 20 francs, an 13. Or. B.

70 5 francs, an 13, nouveau type. Arg. FDC.

71 2 francs, franc, demi et quart de francs, ancien type. Arg. 6 p. TB.

72 5 francs, Genève, an 13. Poisson et G. Arg. B.

73 2 francs, an 13, Genève. Même différent. Arg. B.

74 Franc, an 13, Genève. Même type. Arg. B.

75 5 francs, 2 francs, franc, demi et quart, an 14, Paris. Arg. 5 p. TB.

76 20 francs, 1806. Or.

77 5 francs, 2 francs, franc, demi et quart, 1806. Arg. 8 p. TB et FDC.

78 Essai de 10 centimes en deux métaux. Arg. et cuiv. 2 p. — 10 cent. Cuiv. 1 p. Ens. 3 p. TB.

79 5 francs, 2 francs, franc et quart de franc, 1807. Arg. 5 p.

80 Essai de 100 francs par Vasselon. Cuiv. 2 p. TB.

81 20 francs, 1807. Or. B.

82 5 francs, 1807. Arg. TB.

83 2 francs, franc, demi et quart de franc à la tête de nègre. Arg. 4 p. TB.

84 20 francs, 1807, à la tête laurée. Or. B.

85 5 francs, 2 francs, franc, demi et quart de franc, 1807. Arg. 5 p. TB.

86 Essai de 2 francs avec la date 180. Arg.

87 20 francs, 1808. Or. TB.

88 5 francs, 2 francs, francs, demi et quart de francs, 1808. Arg. 15 p. — 10 et 5 cent., 20 p. Ens. 35 p.

89 20 francs, 1809. NAPOLÉON EMPEREUR. ℟. EMPIRE FRANÇAIS. Or. TB.

90 5 francs, 2 francs, francs, demi et quart, 1809. Arg. 8 p.

91 5 francs, 2 francs, franc, demi francs de 1810 à 1813. Arg. 10 p.

92 20 francs, 1814. Or. B.
93 5 francs, 2 francs, franc, demi franc, 1814. — 5 francs contremarqué d'une tête de chouette. — Franc incus. Ens. 6 p. Arg.
94 40 francs, 1806, Turin. Cœur et U. Or.
95 20 francs, Turin, 1806. Or. B.
96 5 francs de l'an 12. 5 francs et quart de franc de l'an 13. Ens. 3 p. frappées à Turin. Arg. B.
97 5 francs, franc de l'an 14. 2 p. Arg. fr. à Turin.
98 Demi franc de l'an 14, fr. à Turin. Arg. B. Rare.
99 5 francs, 2 francs, quart de franc de 1807. Arg. 3 p. fr. à Turin.
100 5 francs, 2 francs, franc de 1808. Arg. 3 p. fr. à Turin.
101 5 francs de 1809. Turin. Arg. B.
102 Demi franc de 1809. Turin. Arg. Rare. *Pl. I.*
103 2 francs de 1810. Turin. Arg.
104 20 francs de 1811, Turin. Or. TB.
105 5 francs et 2 francs de 1811. Arg. 2 p. fr. à Turin.
106 Demi franc de 1811, Turin. Arg. AB. *Pl. I.*
107 5 francs, franc, 1812. 5 francs, 1813. Ens. 3 p. Arg. fr. à Turin.
108 5 francs, franc, demi franc de 1813. Proue et CL. Ens. 3 p. Arg. fr. à Gênes.
109 5 francs de 1814, Gênes. Arg. B.
110 20 francs, 1812. Louve et R couronnée. Rome. Or. B. *Pl. I.*
111 5 francs et franc de 1812 frappés à Rome. Arg. 2 p. TB.
112 20 francs de 1813, Rome. Or. TB. *Pl. I.*
113 5 francs de 1813, frappé à Rome. Arg.
114 5 francs de 1812, fr. à Utrecht. Arg. TB.
115 2 francs, franc, demi franc, fr. à Utrecht. Arg. 3 p. TB.
116 20 francs de 1813, Utrecht. Or. TB.
117 5 francs, 2 francs, franc, demi franc de 1813, fr. à Utrecht. Ens. 4 p. Arg.
118 Visites à la monnaie. Module de 2 francs. Louis Auguste, prince de Bavière. Charles, prince de Bade. Le Roi de Wurtemberg. Le Roi et la Reine de Bavière. Ens. 4 p. Arg. TB.
119 Mêmes pièces, la plupart de frappe moderne. Arg. 4 p. Cuiv. et étain, 8 p. Ens. 12 p.
120 Décimes de Strasbourg, 1814 et 1815. Cuiv. 11 p. — Médailles et pièces diverses, moulages, etc. 19 p. Ens. 30 p.
121 Siège d'Anvers. 10 et 5 cent. Cuiv. 18 p. TB.
122 *Louis XVIII*. Siège d'Anvers, 10 et 5 cent. Cuiv. 13 p. — Strasbourg. Décime. Cuiv. 7 p. Ens. 20 p.

123 20 francs, 1814. Buste au collet. Or. FDC.
124 Essai de 5 francs de Droz. Cuiv. Tranche lisse. TB.
125 5 francs, 1814 et 1815. Arg. 2 p. TB.
126 Visites à la monnaie. Module de 5 frs. Le Comte d'Artois visite la monnaie de Marseille le 4 oct. 1814. Arg. TB.
127 Le Duc de Berry visite la monnaie de Lille le 5 Août 1814. Module de cinq francs. Arg. 1 p., cuiv. 1 p. Ens. 2 p. TB.
128 Les Alliés à Paris. Module de 5 francs. François Ier d'Autriche, Ange de Paix. Tranche inscrite. Arg. TB.
129 Module de 2 francs. Même type. Arg. TB.
130 Guillaume III. Roi de Prusse. Module de 5 francs. Tranche inscrite. Arg. TB. *Pl. I.*
131 Alexandre Ier. Au Pacificateur de l'Europe. Module de 5 francs. Tranche inscrite. Arg. TB.
132 Modules de 5 et 2 francs. Tranche lisse ou refrappe. Arg. 2 p., cuiv. 7 p. Ens. 9 p. TB.
133 20 francs, 1815, au collet, frappé à Londres. Or. FDC.
134 5 francs de Trébuchet. Arg. — Type du louis. Cuiv. — 5 francs, plomb ou étain, 3 p. Ens. 5 p.
135 Les Cent jours. Napoléon Ier. 20 francs, 1815. Or. TB.
136 5 francs. 1815. Arg. TB.
137 Essai de 5 francs par Droz; tranche lisse. Cuiv. TB.
138 2 francs, 1815. Arg. FDC.
139 Napoléon II. 2 francs, franc, demi et quart de francs. 10, 5, 3, 1 cent. Arg., cuiv., étain. Ens. 10 p.
140 Jetons monnaies des mines Aniche, Anzin, Fresne, Litry, Vieux Condé. Cuiv. 17 p.
141 Louis XVIII. Concours monétaires de 1815, par Brenet, Droz, Gatteaux, Michaut, Tiolier. Module de 40 frs. Cuiv. et étain. 12 p.
142 Module de 5 francs. Cuivre et étain. 15 p.
143 Essai de 5 francs de Michaut, 1815, signature cursive. Cuivre doré. Tranche lisse. FDC.
144 Essai de Gatteaux, 1815, tranche inscrite. Cuiv. TB.
145 Essais de 10 et 5 cent., de 2 sous, 1 sou et demi sou. Cuiv. 10 p. TB.
146 5 francs de 1815 par Michaut, signature cursive, tranche inscrite. Arg. TB.
147 5, 2, 1 franc, demi et quart de 1816 et 1817. Arg. 7 p. TB.
148 20 francs de 1824. Or. TB.

149 5 francs et divisions, 1824. 6 p. — Autres dates et médaillettes, 8 p. Ens. 14 p. Arg.

150 Visites à la monnaie. Le Duc d'Angoulême, grand Amiral. Module de cinq francs, 1817, tranche inscrite. Arg. FDC.

151 Visite de la Duchesse d'Angoulême, 1817. Mod. de cinq francs. Tranche inscrite. Arg. FDC.

152 Visite de Monsieur, frère du Roi. Mod. de cinq francs. Tranche inscrite. Arg. FDC.

153 La même pièce en cuivre. — Visite du Comte Corvetto, cuiv. — Visite de la Princesse de Danemark, module de 2 francs. Arg. 1 p., cuiv., 1 p. Ens. 4 p. ; tranches inscrites. TB.

154 Visite de M. Roy, Ministre des Finances. Module de cinq francs, tranche inscrite. Arg. TB.

155 Modules de 5 et 2 francs. Arg. cuiv. étain, pièces à tranches lisse ou refrappes. Ens. 6 p.

156 *Charles X.* Concours de 1824. Modules de 40 frs et de 5 francs. L'avers seulement. Etain 33 p. TB.

157 40 francs de 1824. Or. B.

158 20 francs de 1828. Or. B.

159 5 francs de 1824. Arg. FDC.

160 5 francs et divisions 1825 à 1829. Arg. 12 p.

161 5 francs et divisions, pièces incuses, etc. Arg. 10 p.

162 5 francs 1830, l'inscription de la tranche en creux ; 2 francs et franc, tranche cannelées ; demi et quart de franc. Ens. 5 p. Arg.

163 Visites à la monnaie. Module de cinq francs. Le Prince de Salerne et la Duchesse de Berry, 22 juillet 1825. Tranche inscrite. Arg. TB.

164 Visite du Roi et de la Reine des Deux Siciles, 11 juin 1830. Mod. de cinq francs. Tranche inscrite. Arg. TB.

165 Visites diverses, tranches inscrites, 4 p. — tranche lisse ou refrappe, 2 p. Ens. 6 p. Cuiv. TB.

166 Essais de Moreau. Mod. de 5 et 2 francs. Cuiv. 4 p. Mod. de 2 francs. Arg. 1 p. — Essais divers unifaces, 6 p. Ens. 11 p. TB.

167 Essais divers. Cuiv. 10 p. — 10 et 5 cent. de la fabrique du Vast, 2 p. Ens. 12 p. TB.

168 Essais divers en étain, 23 p.

169 *Henri V.* 5 francs 1 p. et francs, 2 p. 1831. Ens. Arg. 3 p. TB.

170 5 francs, 2 francs, franc, demi et quart, 1832. Arg. 5 p. — 10 et 5 cent. Arg. 7 p. Ens. 12 p. TB.

171 2 francs, demi et quart de franc, 1833. Arg. 3 p. — Demi franc, 1858. Arg. Monnaies et médailles. Cuiv. 6 p. Ens. 10 p. TB.

172 *Louis Philippe*. 5 francs, 1830. LOUIS PHILIPPE ROI DES FRANÇAIS. L'inscription de la tranche en creux. — Même pièce, tranche en relief. Arg. 2 p. FDC.

173 5 francs, 1830. LOUIS PHILIPPE I, ROI DES FRANÇAIS. L'inscription de la tranche en creux. — Même pièce, avec l'inscription de la tranche en relief. Ens. 2 p. Arg. FDC.

174 5 francs de Galle, 1830. Arg. FDC.

175 Essai de 5 francs par Tiolier. 5 FRANCS ESSAI 1830 A, ancre dans une couronne. Arg. FDC.

176 Essai de 5 francs à la Charte par Tiolier. TITRE 900 MIL POIDS 25 GRAM. Sous une couronne : tables de la loi brochant sur la main de justice, le sceptre et des drapeaux. Au dessous : 5 F ESSAI. Tranche inscrite. Arg. TB. *Pl. I.*

177 Variété de la pièce précédente, tranche lisse. Arg. TB.

178 Essai de 100 francs, 1831. 100 FRANCS ESSAI dans une couronne. Tranche inscrite. Arg. TB. *Pl. I.*

179 Essai de 100 francs en deux pièces, face et revers. Cuivre plaqué d'or. Essai de 5 francs cuivre plaqué d'arg. 2 p. Autre essai de Galle. Ens. 5 p. FDC.

180 Concours de 1831. 100 francs, 5 francs. Etain. 24 p.

181 Module de 5 fr. Louis Philippe visite la monnaie de Rouen. Arg. 1 p. Cuiv. 1 p. Ens. 2 p. TB.

182 20 francs de 1831. Or. B. 2 p.

183 5 francs, francs de 1831. 5 p. — 5 francs. Avers de Tiolier, revers de Domard, 1831, Bordeaux. Ens. 6 p. Arg.

184 5 francs et divisions, dates diverses. Arg. 9 p. — Franc contremarqué de la Guadeloupe. Arg. — Digue de Cherbourg, jeton de 10 cent. — Module d'un franc et d'un demi franc de Domard, etc. Ens. 15 p.

185 20 francs de 1848. Or. TB.

186 Essais monétaires de Thonnelier, mod. de 5 francs, 9 p. — Module du rouble et du demi Imperial. Ens. 11 p. Cuiv. TB.

187 Projets ou essais monétaires, 9 p. Essais de monnayage, Londres, 1839. 3 p. Divers, 11 p. Ens. 23 p.

188 Essai du décime, de cinq et trois centimes, 6 p. — Essais au coq. 10, 5, 3, 2, 1 cent. 12 p. Ens. 18 p. TB.

189 Essais à la Charte, 10, 5, 2, 1 cent., 10 p. — Refonte des monnaies de cuivre, décimes, 5, 2, 1 cent., 34 p. — 10 cent. essai de 10 cent. en deux métaux, etc. 7 p. Ens. 51 p.
190 5 francs et divisions, 14 p. — Monnaies frappées à Rouen, 3 p. — Monnaies frappées à Rouen avec le différent (main) de Paris, 6 p. Ens. 23 p. Arg. TB.
191 5 francs incus, épreuves des presses Thonnelier. — 2 francs carton. Ens. 6 p.
192 Visites à la monnaie. Visite d'Ibrahim Pacha, 1846. Mod. de 5 francs. Tranche inscrite. Arg. TB.
193 Visite du Prince de Salerne 4 mai 1846. Mod. de 5 fr. Tranche inscrite. Arg. TB.
194 *République de 1848.* 20 fr. Génie debout. Or. TB.
195 5 francs, 1848. Arg. 2 p. — Essais de la virole brisée, modules de un franc, 5 cent. Dijon, etc. 18 p. Ens. 20 p.
196 Banque du Peuple. Cuiv. 10 p. — Concours de 1848, 10 cent. étain 26 p. Ens. 36 p.
197 Essais de 5 francs. Etain 36 p.
198 Essai de 5 francs par Barre. Tranche inscrite. Arg. TB.
199 Essai de 5 francs de Domard. Tranche inscrite. Arg. TB.
200 Essais de 20 francs. Etain. 25 p. Cuiv. 4 p. — Piéfort de 20 francs. Cuiv. 1 p. — Autres essais, cuiv. 10 p. Ens. 40 p.
201 20 francs de 1851. Tête de Cerès. Or. TB.
202 10 francs, 1851. Or. FDC.
203 5, 2 francs, franc, 50 et 20 cent. 1849, 1850 et 1851. Ens. 15 p. Arg. TB.
204 Piéfort de 20 cent. Concours monétaire, 1849. Arg. TB.
205 Essais divers ou monnaies. Arg. 3 p. Cuiv. 11 p. étain 4 p. Ens. 18 p.
206 Essais de bronze au buste de Bonaparte, 1851. Cuiv. 3 p. TB.
207 *Louis Napoléon*, Président. 20 francs de 1852. Or. TB.
208 5 francs à la mèche signé J. J. Barre, 1852. Tranche inscrite. Arg. TB.
209 Variété de la précédente, — tranche lisse et les différents inversés. Arg. TB.
210 5 francs, francs, 50 cent. 1852. Arg. 6 p. TB.
211 Essai de 10 centimes, 1852. Cuiv. TB.
212 *Napoléon III.* Essai de 5 francs par Barre. NAPOLEON III PAR LA GRACE DE DIEU ET LA VOLONTÉ NATIONALE. 1853. Tranche lisse. Vermeil. FDC.

213 La même pièce. Arg. TB.
214 NAPOLEON III EMPEREUR. Même revers. Tranche lisse. Arg. FDC.
215 Autre exemplaire. Arg. TB.
216 Essai de 5 francs. NAPOLEON III PAR LA GRACE etc. ℟. EMPEREUR DES FRANÇAIS. 1853. Tranche lisse. Arg. TB.
217 5 francs par Bouvet, 1853. Tête laurée. Arg. FDC.
218 20 francs, 1853. Or. TB.
219 10 francs, 1854, petit module. Or. 2 p. TB.
220 5 francs 1854 et 1855. Petit module. Or. 3 p. TB.
221 5 francs Essai de Bouvet, 1854. Tranche lisse. Arg. FDC.
222 Essai de Bouvet, 2 francs, 1856. Essais de Barre, franc, 50 cent. 20 cent. 1853. Ens. 4 p. Arg. tranche lisse. FDC.
223 2 francs, francs, 50 et 20 cent. 1853. Ens. 7 p. Arg. TB.
224 Essais de 100, 50, 20, 10 et 5 francs en deux pièces, face et revers. Cuiv. plaqué d'or. 5 p. TB.
225 Essais de 5 francs, 1 franc, 50 et 20 cent. en deux pièces. Cuiv. plaqué d'arg. 4 p. TB.
226 Essai de 10 francs, 1855. 10 FRANCS ESSAI dans une couronne de chêne. Or. FDC. *Pl. I.*
227 Essai de 5 francs, 1855, même type. Or. TB. *Pl. I.*
228 5 francs et divisions, 1854 à 1856. Arg. 14 p. TB.
229 10 francs, 1855. Or. TB.
230 5 francs et divisions, 1857 à 1860. Arg. 10 p. TB.
231 5 francs, 1859. Or. TB.
232 Essai de 5 francs de 1860, sans signature de graveur ni lettre monétaire. Tranche lisse. Arg. TB.
233 Visite à la monnaie de Paris. Module de 10 cent. Arg. 1 p. Cuiv. 2 p. — Franc de 1863 à la tête nue. Arg. — 10, 5, 2 et 1 cent. Cuivre, 19 p. Ens. 23 p. TB.
234 Visite à Lille, 1853. Modules de 10 et 5 cent. Arg. 4 p. Cuiv. 8 p. Ens. 12 p. TB.
235 Essais d'un franc, 1860. Arg. 2 p. variées. FDC.
236 Essais de 1861, 2 francs, 1 franc, 50 cent. Arg. 6 p. — Essai de 2 cent. Cuiv. 2 p. Ens. 8 p. FDC.
237 Essais de 1862. 2 francs, franc, 50 cent. Arg. 3 p. FDC.
238 Essais de 1864, 50 cent. Arg. 2 p. — Essais de 1866. 2 francs, franc. Arg. 2 p. Ens. 4 p. FDC.
239 Essai. Zinc, cuivre, nickel. — Essai de 10 cent. nickel. — Autres pièces. 5 p. Ens. 7 p.

240 Essai de 1861 et 1862. 5 et 2 francs, franc, 50 et 20 cent. en deux pièces, face et revers. Cuiv. plaqué d'arg. Ens. 5 p. TB.

241 5 francs, 1861 et 1862. Arg. 3 p. variées. TB.

242 5 francs et divisions de 1862 à 1870. Arg. 20 p. TB.

243 10 et 5 francs, 1866 et 1868. Or. 2 p. TB.

244 Essai de 5 dollars 25 francs. Tête de Napoléon III lauré à g. ℞. OR ESSAI MONETAIRE 1867. 5 DOLLARS 25 FRANCS. Or. FDC. *Pl. I.*

245 Essai de 10 florins 25 francs. Tête de Napoléon III lauré à g. ℞. OR. ESSAI MONETAIRE. 1867. 10 FLORINS 25 FRANCS. Or. FDC. *Pl. I.*

246 10, 5, 2, 1 cent. de divers ateliers. — Jetons monnaie du Canal de Suez, médaillettes. Arg. 3 p. cuivre, 194 p. Ens. 197 p.

247 Essai de 5 francs de Veyrat, 1870. Arg. FDC.

248 Module de 5 francs. FINIS GERMANIÆ 1870 dans une couronne. Arg. TB.

249 Napoléon IV. 1870. 5 francs. Pièce de fantaisie. Arg. FDC.

250 — 1874. 5 francs, 2 francs, franc, 50 et 20 cent. Arg. 5 p. — 10 cent. cuiv. 1 p. Monnaies de fantaisie. Ens. 6 p. FDC.

251 *République*. 5 et 2 francs, 1870, Paris. Arg. 5 p. variées. TB.

252 Essai de 5 francs par Oudiné. Cuiv. — Essai de 10 cent par Domard. Cuiv. — Essai de 10 cent. Coin de Dupré, étain. Ens. 3 p. TB.

253 5 et 2 francs 1870, frappés à Bordeaux avec les coins gravés à Paris par Barre. Arg. 2 p. TB.

254 5 et 2 francs. 1870 et 1871 frappés à Bordeaux. Arg. 4 p. TB.

255 10 cent. au ballon 1870. Cuiv. 2 p. — 5 francs au buste de Gambetta. Arg. Ens. 3 p. FDC.

256 5 francs au buste de Thiers. Arg. FDC.

257 5 francs au buste de Mac Mahon. Arg. FDC.

258 5 francs d'Henri V. 1871. Arg. FDC. — Même pièce en étain. Ens. 2 p.

259 5 francs d'Henri V, 1873. Arg. FDC.

260 Jetons monnaie, médailles, etc. 29 p.

261 5 francs frappé à Paris pendant la commune en 1871 par Camelinat. Arg. TB.

262 5 francs, 2 francs, franc, 50 cent. Paris, 1871. Arg. 5 p. FDC.

263 5 francs de 1878. Paris, Arg. TB.

264 La même pièce, tranche lisse. Frappe d'essai. Arg. FDC.

265 Alliage monétaire, 20, 10, 5 cent. de la société du nickel, 5 p. — Nickel de la Nouvelle Calédonie, 25, 10, 5 cent. 3 p. — Essai de la virole brisée de Barre. Cuiv. — Essai de 10 cent. — Arg. Ens. 10 p. FDC.

266 Essai de 20, 10, 5 cent. 1881. Tête de la République de Dupré. 3 p. TB.
267 Les mêmes essais à 12 pans. 3 p. Nickel. TB.
268 Essai de 10 cent. 1881. Tête de Cérès, de Merley. Nickel. TB.
269 — Essai de 5 cent. d'Oudiné. Nickel. 1883. TB.
270 1889. 10 francs de la série de l'Exposition Universelle. Or. FDC.
271 5 francs de l'Exposition de 1889. La lettre c sous la date. Or. FDC. *Pl. I.*
272 5 francs de l'Exposition Universelle, 1889. La lettre c sous la date. Arg. FDC. Très rare. *Pl. I.*
273 2 francs, franc, 50 et 20 cent. Arg. — 10, 5, 2, 1 cent. Cuiv. Ens. 8 p. de l'Exposition de 1889. FDC.
274 Essai de 20 cent. 1889. — Projets et essais divers de Michelin. Nickel, aluminium, argent, 10 p. Ens. 11 p. TB.
275 2 francs, franc, 50 cent. 1894 et 1895. Arg. 6 p. — 10, 5, 2, 1 cent. de 1870 à 1897. Cuiv. 132 p. Ens. 138 p. TB.
276 Essais monétaires divers. — Essai de 5 cent. 1908 de Daniel Dupuis. Aluminium. Ens. 18 p. TB.
277 Essai de 5 cent. 1908 de Daniel Dupuis. Argent monétaire, bronze monétaire, aluminium, bronze d'aluminium. Ens. 18 p. TB.
278 10 francs, 1895, 1896, 1899. Or. 3 p. FDC.
279 Piéfort de 2 francs, 1898. Arg. FDC.
280 Piéfort de 1 franc et de 50 cent. 1898. Arg. 2 p. FDC.
281 Piéforts de 10, 5, 2, 1 cent. 1898. Cuiv. 4 p. FDC.
282 Essais de 10 et 5 cent. 1898. Cuiv. 2 p. FDC.
283 50 cent. 1897, 2 p. — 2 francs, francs, 50 cent. Arg. 7 p. 10, 5, 2, 1 cent. Cuiv. 8 p. 1898. Ens. 17 p. FDC.
284 Piéfort de la pièce de 20 francs, 1899. Or. FDC. *Pl. I.*
285 Piéfort de la pièce de 10 francs, 1899. Or. FDC. *Pl. I.*
286 Essai de 25 cent. de Patey. 1903. Cuiv. FDC.
287 Essai de 25 cent. de Patey avec la tranche à 22 pans et le mot *essai*. — Le même sans le mot *essai* mais le flan plus épais. — Autre à tranche ronde, avec *essai*. — Autre sans *essai*, le flan plus épais. Ens. 4 p. Nickel. TB.
288 Essais de 25, 10 et 5 cent. 1909. Tête de la République de trois quarts de face dans un creux. Bronze et aluminium, 44 p. TB.
289 2 et 1 franc de 1914 frappés à Castelsarrazin. 2 p. Arg. FDC.
290 Essais de 2, 1 franc et 0.50. Chambres de Commerce de France, 1920. Br. d'aluminium. 3 p. FDC.

MONNAIES FRAPPÉES A STRASBOURG

291 *Louis XIV.* Double louis aux 4 L. 1695. H. 32. Or. TB. *Pl. II.*
292 Louis. Même type, 1694. H. 33. Or. TB.
293 Louis. IVD. XIIII. D. G. FR. ET. NAV. REX. 1694. H. 33 var. Or. TB. *Pl. II.*

Voir au sujet de cette pièce la brochure de M. G. A. Schoen " *Louis d'or Strasbourgeois à légende injurieuse* " Mulhouse, Meininger, 1907. L'auteur croit que cette altération singulière (IVD pour LVD) ne fût pas une erreur involontaire de gravure.

294 Demi louis, 1695. H. 34. Or. TB.
295 Double louis. Huit L couronnées brochant sur le sceptre et la main de justice. 1701. H. 35. Or. TB. *Pl. II.*
296 Louis. Même type. H. 36. 1701. Or. TB.
297 Double louis, quatre fleurs de lys couronnées, disposées en croix et brochant sur le sceptre et la main de justice, 1704. H. 38. Or. TB. *Pl. II.*
298 Ecu aux palmes. 1694. H. 140. Arg. TB.
299 30, 10, 4, 2, 1 sol. H. 275, 277 à 280. Ens. Arg. et Bill. 9 p. B.
300 Demi écu. 1694. H. 281. — Autre de 1702. H. 283. Ens. 2 p. B.
301 Demi écu 1701. H. 283. Arg. — Pièces de 33 sols. (H. 286.) 1705, 1706, 1707. Arg. 3 p. Ens. 4 p. TB.
302 40 sols H. 287. 1709 à 1714. Arg. 8 p. B.
303 20, 10 sols. H. 288 et 289. Arg. 3 p. — 10 sols. H. 169. 7 p. — 5 sols. H. 173. 2 p. — 16 deniers. H. 221. 4 p. — 4 et 2 deniers. H. 245 et 246. Cuiv. 14 p. Ens. 23 p.
304 *Louis XV.* Louis à la croix de Malte. 1718. H. 9. Or. TB.
305 Louis aux deux L. 1720. H. 11. Or. B.
306 Louis Mirliton, 1723. H. 14. Or. B.
307 Louis aux lunettes, 1726. H. 16. Or. B.
308 Demi louis aux lunettes. 1726. H. 17. Or.
309 Double louis au bandeau, 1747. H. 18. Or. TB.
310 Louis au bandeau, 1760. H. 19. Or. B.
311 Quarante sols, 1716. H. 32. Arg. B.
312 Ecu vertugadin. H. 27 et divisions. H. 28 et 30. Ens. 4 p. Arg.
313 Ecu de Navarre. H. 34 et divisions. H. 36 et 37. Petit louis d'arg. H. 33. Ens. Arg. 5 p. B.
314 Ecu de France. H. 40 et divisions. H. 42 et 43 — quart et huitième d'écu aux 8 L. H. 47 et 48. Ens. Arg. 6 p. B.
315 Ecus aux lauriers. H. 50. 2 p. — Divisions. H. 51 à 54. 7 p. Ens. Arg. 10 p.

316 Ecu aux lauriers. H. 50, contremarqué de 40 Batzen pour Berne. Arg. B.
317 Ecu au bandeau, H. 56, demi écu, H. 58. 2 p. 24 et 12 sols. H. 59 et 60. 24 sols. H. 65. Ens. Arg. 6 p.
318 Billons et cuivres divers, 21 p.
319 *Louis XVI.* Double louis. 1792. H. 5. Or. TB.
320 Louis. 1786. H. 6. Or. B.
321 Louis à la corne. H. 35. Or. TB. Rare. *Pl. II.*
322 Ecus et demi écu. H. 11 et 13. 3 p. Br. divers, 8 p. Ens. 11 p.
323 Ecu constitutionnel, demi écu, 30 et 15 sols de 1791 et 1792. Arg. 9 p. — Br. divers 15 p. Ens. 24 p.
324 Ecu, 30 sols. Arg. 2 p. 2 sols, 2 p. Ens. 4 p. B.
325 *Révolution.* Louis de 24 livres de 1793. Or. TB.
326 Ecus de 6 livres, 1793. Arg. 2 p. — 2 sols, sol. Cuiv. 7 p. Ens. 9 p.
327 5 francs. An 6. Arg. 2 p. — Décimes, 5 cent. Cuiv. 11 p. Ens. 13 p.
328 *Bonaparte 1er Consul.* 5, 2, 1 franc ; demi et quart de franc. Arg. 5 p.
329 *Napoléon Empereur.* 5, 2, 1 franc, demi franc, an XIII, 1806, 1808. Arg. 6 p.
330 5, 2 francs, demi franc, 1811, 1812, 1813. Arg. 6 p. — Cuiv. 6 p. Ens. 12 p.
331 *Louis Philippe.* 5 francs, 1830 et 1840, 2 p. 2, 1 franc, 1/2 franc, 50 cent. 1/4 de franc. Arg. 8 p. TB.
332 *Napoléon III.* 5 francs, 1858, 1859, 1860, 1862, 1863. Or. 5 p. TB.
333 5 francs, 1864, 1865, 1866, 1867, 1868. Or. 5 p. TB.
334 Monnaies divisionnaires de *Charles X* à *Napoléon III.* Arg. 64 p.

MONNAIES DE LA RÉVOLUTION ET DE L'EMPIRE FRAPPÉES HORS DE FRANCE

335 **Espagne.** *Joseph Napoléon.* 320 Réaux, 1810. Madrid. Buste lauré à g. Or. TB. *Pl. II.*
336 80 Réaux, 1809. Tête nue à g. Or. TB.
337 80 Réaux, 1811. Tête laurée. Or. TB.
338 20 Réaux, 1808, 1809 et 1810, cette dernière pièce contremarquée de l'écusson du Portugal. Ens. 3 p. Arg.
339 20 Réaux, 1811 et 1813. Arg. 2 p. TB.
340 10, 4, 2 Réaux, 1 Réal. Ens. 8 p. Arg.

341 8 Réaux de 1809. Arg. TB.
342 *Barcelone.* 20 Pesetas de 1813. Or. TB.
343 5 Pesetas. 1808 et 1809. Arg. 2 p. TB.
344 5 Pesetas 1814, 2 1/2 Pesetas, 1808, 1809, 1811. Peseta, 1810, 1812, 1813. 4 quartos et divisions. Ens. 7 p. Arg. 10 p. Cuiv.
345 *Gérone.* Obsidionales de 1808. Un Douro. Arg. 2 p.
346 5 Pesetas de 1809 au buste de Ferdinand VII. Arg. B. Rare. *Pl. II.*
347 *Lérida.* 5 Pesetas au buste de Ferdinand VII. Arg. 2 p. une AB., l'autre fruste.
348 *Tarragone.* 5 Pesetas de 1809. Arg. 3 p. TB.
349 *Majorque.* 30 sols de 1808. Arg. 2 p. variées. TB.
350 30 sols de 1808, octogone. Arg. TB.
351 30 sous de 1821. Arg. 1 p.; cuiv. 1 p. Ens. 2 p. TB.
352 *Iles Baléares.* 5 Pesetas, 1823. Arg. 3 p. variées. TB.
353 *Carthagène*, cuiv. *Divers.* Douro, divisions et proclamations. Ens. 8 p. Arg. et 19 p. Cuiv.
354 **Italie.** *République Piémontaise.* Mezzo scudo et quarto di scudo. Arg. 2 p. 2 soldi. Br. — Ens. 3 p. B. et TB.
355 *Gaule Subalpine.* 5 francs, an 9 et an 10. Arg. 2 p. TB. et FDC.
356 *République de Gênes.* 8 et 4 lire, 1792. 2 p. Arg. Divisions 4 p. Bill. et Cuiv. — Ens. 6 p. B.
357 8 lire, 1796; 4 lire, 1795; 2 lire, 1795; 1 lire, 1794. Arg. 4 p. TB. et FDC.
358 4 lire, 1795; 1 lire, 1794; 10 soldi, 1794, 1797. Divisions. — Ens. 6 p. Arg. et cuiv.
359 *République Ligurienne.* 8 et 4 lire, 1798. Arg. 2 p. TB.
360 8 lire, 1804; 4 lire, 1799; 2 et 1 lire, 1798; 10 soldi, 1814. Divisions et Cuiv. de la République de Gênes, 1814. — Ens. 5 p. Arg. et 8 p. cuivre.
361 *République de Venise.* Ecu et 1/4 d'écu de Louis Manin, 1796. Arg. 2 p. B.
362 10 lire, 1797. Arg. 2 p. variées. Divers billons de *Milan;* 10, 5 soldi et soldo de *Mantoue.* — Ens. 10 p. B. et TB.
363 *Bologne. République Cispadane.* Ecus, 1796, 3 p. variées. Arg. 2 et 1 carlins. Bill. — Ens. 5 p. TB.
364 Ecu de 10 paoli et 1/2 de 5 paoli, 1796. Arg. 2 p. B. et TB.
365 Ecus et 1/2 écus variés, 1797. Arg. 4 p. B. et TB.
366 *République Cisalpine.* Ecu de six lire, an VIII. Arg. TB.
367 — Autre. Arg. 30 soldi, an IX. Bill. — Ens. 3 p. B. et TB.

368 *République Italienne*. Projet de monnaie, 1803. Soldo de 5 denari. Gerbe de cinq épis (Gn. 8). Br. FDC. *Pl. II.*

369 — 2 denari et denaro (Gn. 9 et 10). Br. 2 p. FDC.

370 Projet de 1804. Balance, épée et palme. Soldo de 10 denari (Gn. 19). Br. FDC. *Pl. II.*

371 — Mezzo soldo. Même type (Gn. 20). Br. FDC. *Pl. II.*

372 — Autre avec 1/2 soldo (Gn. 21). Br. FDC. *Pl. II.*

373 — Centesimo (Gn. 22). Autre avec 1/100 (Gn. 23). — Ens. 2 p. Br. FDC.

374 *Napoléon, roi d'Italie*. Soldo de Milan, 1806. Br. FDC. *Pl. II.*

375 3 centesimi, Milan, 1806. Br. FDC. *Pl. II.*

376 2 centesimi, Milan, 1806. Br. FDC. *Pl. II.*

377 Centesimo, Milan, 1806. Br. FDC. *Pl. II.*

378 40 lire, Milan, 1807. Tranche azurée à inscription en relief. Or. AB. Rare.

379 40 lire, Milan, 1808. Or. TB.

380 5 lire, 1807, Milan. 2 p. variées. Arg. B.

381 2 lire, Milan, 1807 ; 2 p. variées, TB et fruste. 5, 2, 1 lire, 10 soldi, Milan, 1808. TB. et FDC. — Ens. 8 p. Arg.

382 5 lire, Bologne, 1811. Lire, Bologne, 1808 et 1810. Arg. 3 p. B. et TB.

383 40 lire, Milan, 1808. Tranche en creux. Or. B.

384 20 lire, Milan, 1808. Or. B.

385 — Même pièce, variété de coin. Or. B.

386 Milan. 5 lire, 1808 ; 2 lire, 1808, 1809, 1812 ; lire, 1808, 1809 ; 15 soldi, 1808, 1809 ; 10 soldi, 1808, 1809, 1810, 1811, 1812, 1813 ; 5 soldi, mêmes dates. Arg. 23 p. 10 cent. Bill. 1808 à 1813. — Ens. 30 p. B. et TB.

387 — 5 lire, lire, 15, 10, 5 soldi, 1814 ; 5 soldi, 1813. Arg. 7 p. B. TB. et FDC.

388 Bologne. 5 lire, 1813; 2 lire, 1812, 1813; lire, 1811, 1813; 10 soldi, 1813 ; 5 soldi, 1812. Arg. 7 p. B. et TB.

389 Venise. 5 lire, 1812 ; 2 lire, 1813 ; lire, 1811, 1812, 1813 ; 10 soldi, 1811, 1812, 1813 ; 5 soldi, 1812. Arg. 9 p. B. TB. et FDC.

390 Monnaies diverses en bronze, fr. à Milan, Bologne et Venise, de 1807 à 1813. Poids de 40, 20, 5 lire et de 5 et 2 denari. 56 p. Br. B. TB. et FDC.

391 *Monnaies de nécessité*. 2, 1 1/2, 1, 1/2 lire de Venise fr. par François II d'Autriche, 1800 à 1802. 15 soldi, 1802. — Ens. 9 p. Bill. B. et TB.

392 Palma Nova, 1814. 50 cent. Bill. 2 p. variées. B.

393 Zara, siège de 1813. Pièce de 4 onces ou 18 f. 40. Arg. TB. Rare. *Pl. III.*

393 *bis* Pièce de 2 onces ou 9 f. 20. Arg. TB.

394 Pièce de 1 once ou 4 f. 60. Arg. TB.

395 Cattaro, assiégée en 1813. 5 francs. Types et légendes en creux. Arg. TB. *Pl. III.*

396 1 franc. N couronné, dessous 1 F. ℞. CATTARO 1813 ; le tout en creux. Arg. TB.

397 *Grand duché de Toscane.* Louis I, roi d'Etrurie. Lis. ℞. St Jean. 1803. Ruspone. Or. B. [illegible]

398 Francescone. Buste à dr ℞. Armoiries. [illegible] Au[illegible] 3 variétés. Arg. 4 p. TB Dieci quattrini et quattrino. [illegible] — Ens. 1 p.

399 Charles-Louis et Marie-Louise. Ruspone, 1807. Or. TB. *Pl. II.*

400 Ecu de 10 lire. Bustes accolés. ℞. Armoiries. Florence, 1803. Arg. TB.

401 5 lire, même type, Florence, 1803. Arg. FDC.

402 Autre de 1804. Arg. Très belle.

403 Francescone aux bustes affrontés, Pise, 1806. Arg. TB.

404 — Autre, 1807 ; 10 lire, 1807. Florence ; Lira, 1803 et 1805. Arg 4 p. Cuivre divers. — Ens. 16 p. B. et TB.

405 *Lucques et Piombino.* Elise Bonaparte et Félix Baciocchi. 5 franchi, 1805 (2 p. variées) et 1806. Arg. 3 p. TB.

406 — Autres, 1807 et 1808 (2 p. variées). Arg. 3 p. B. et TB.

407 Franco, 1806, 1807, 1808 (2 p. variées). Arg. 5 et 3 cent. Br. — Ens. 8 p. B. et TB.

408 *Parme.* Marie-Louise. 40 lire, 1821. Or. TB.

409 20 lire, 1815. Or. TB.

410 5, 2, 1 lire, 10 et 5 soldi, 1815. 5 lire, 1832 ; 10 et 5 soldi, 1830. Arg. 5, 3 et 1 cent. Br. — Ens. 11 p. TB.

411 *République Romaine.* La Liberté deb. de face. ℞. SCVDO ROMANO. Arg. TB.

412 Aigle dans une couronne sur l'autel de la Liberté. ℞. GIORNO CHE VALE DI TANTI ANNI IL PIANTO. Au centre : LIBERTA ROMANA 27 PIOVOSO. Arg. TB. *Pl. III.*

413 — Autre, l'autel orné de deux drapeaux. ℞. Variété avec XXVII PIOVOSO AN VII. Arg. Très beau.

414 Scudo, semblable au n° 411, mais en bronze. Aigle dans une couronne. ℟. DVE BAIOCCHI dans un triangle formé de trois faisceaux ; dessous, ANNO SESTO REPVBB. Baioccho, même année. — Ens. 3 p. Br. TB.
415 2 baiocchi. an. 7 ; faisceau surmonté d'un bonnet. ℟. Valeur dans un triangle. 2 baiocchi au faisceau surmonté d'un bonnet, 8 p. variées. Br. 9 p. B. et TB.
416 — Autres, 7 p. Baioccho et mezzo baioccho. Br. 11 p. B. et TB.
417 Ancône. Même type; dans le champ A. Autre avec REP. ROM. ANCONA. 2 baiocchi. Br. 5 p. B. et TB.
418 Gubbio. 2 baiocchi et mezzo baioccho (2 p.). Br. 3 p. B.
419 Ascoli. 2 baiocchi. 8 p. En général B. et TB.
420 Foligno. Quattrino. St Félicien deb. de face. Br. TB. *Pl. II.*
421 Macerata. Mezzo baioccho au faisceau. Quattrino, même type. Br. 2 p. TB.
422 Fermo. 2 baiocchi. Br. 12 p. variées. B.
423 Un baioccho (6 p.) et mezzo baioccho. Br. 10 p. B. et TB.
424 Quattrino au faisceau. Br. B. *Pl. II.*
425 Pergola. 2 baiocchi au faisceau (3 p. variées) et baioccho. Br. 4 p. AB. B. et TB.
426 VN BAIOCCO PERGOLA 1798. ℟. + VN BAIOCCO PERGOLA dans une couronne. MEZZO BAIOCCO PERGOLA. ℟. + MEZZO BAIOCCO PERGOLA (fleuron). Br. 2 p. B.
427 Ronciglione. Buste de la Vierge. ℟. L'incendie, 1799. — Pérouse. 2 baiocchi (3 p.). Br. 4 p.
428 ***République Napolitaine.*** Ecu de 12 carlins et demi écu à la Liberté deb. Arg. 2 p. Pièce de 6 et 4 tornesi. Br. — Ens. 7 p. B.
429 *Royaume des Deux Siciles.* Joseph Napoléon. Ecu de 120 grani, 1806 et 1807. Arg. 2 p. TB.
430 — Autre, 1808. Arg. TB.
431 Joachim Napoléon, roi des Deux-Siciles, prince et grand amiral de France. Ecu de 12 carlins, 1809. Arg. 2 p. variées. B. et TB.
432 Autre, 1810. Légende : GIOACCHINO NAPOL. RE DELLE DUE SICIL. Arg. Très beau.
433 — Variété de coin. Arg. B.
434 — Variété avec SICILIE. Arg. TB.
435 — Autres avec NAPOLEONE. Arg. 2 p. variées. B.
436 3 et 2 grana, 1810. Br. 6 p. variées. B.
437 5, 2, 1 lire (3 p. variées) de 1812. Arg. 5 p. B. et TB.
438 5, 2, 1 et 1/2 lire, 1813. Autre série variée. Arg. 8 p. TB.

439 **Suisse.** *République Helvétique.* 40 et 20 batzen au Suisse debout, S, 1798. Arg. 2 p. TB.
440 — Autres variétés du 40 batzen (2 p.) et du 20 batzen. Arg. 3 p. TB.
441 Autre variété du 20 batzen. 40 batzen, 1798, même type avec B (2 p. variées). 10 et 5 batzen, S, 1799. — Ens. 6 p. Arg. et Bill. TB.
442 16 franken au Suisse debout, B. 1800. Or. FDC. *Pl. III.*
443 4 Franken, 1799, B. (Corragioni II. 5). Arg. TB.
444 Autre, même date. Type varié (Cor. —). Arg. FDC.
445 Même type varié, 1801, B. (Cor. II. 6). Arg. Très beau. — 10, 5, 1, 1/2 batzen ; rappen. — Ens. 47 p., la plupart B. et TB.
446 *Sarine et Broye.* Chapeau sur un faisceau. ℞. LIBERTE EGALITE 1798 et, dans une couronne : VALEUR DE 42^CR.^ Arg. B.
447 *République Genevoise.* Essai de l'écu de XII florins, 1794. Br. TB. *Pl. III.*
448 Prix du travail, 1794, l'an III de l'Egalité. Arg. 2 p. (de coin différent). TB et FDC.
449 Essai de cinq centimes à la ruche (refrappé). Pièces de 15 sols, 1794 (5 p.). Décime L'OISIVETE EST VN VOL, 1794. Arg. et Bill. 7 p. TB.
450 Ecu de XII florins IX sols et demi écu. 1795. Arg. 2 p. TB.
451 Autres écus variés, 1796, 2 p. Arg. B. et TB.
452 Lot de pièces de 6, 3, 1 sol ; 1 sol 6 den. ; 6 den. Bill. 40 p. B. et TB.
453 *Neuchatel.* Alexandre Berthier. 2 francs, 1814. Arg. TB. *Pl. III.*
454 Lot de billons divers, batz, 1/2 batz, creuzer. 5 et 2 fr. de fabrication postérieure. Br. — Ens. 32 p. B. et TB.
455 **Allemagne** (Monnaies frappées pour la défense du pays ou le paiement des contributions). *Mayence.* Fréderic Charles Joseph d'Erthal, archevêque et électeur. Thaler, 1794. Arg. B. Billons divers. — Ens. 6 p.
456 *Bamberg.* François Louis d'Erthal, évêque de Bamberg et de Wurtzbourg. Son buste. ℞. X EINE FEINE MARK 1794 dans une couronne. Thaler. Arg. 2 p. variées. B.
457 — Ses armes. ℞. Semblable. 1794, 1795. Arg. 3 p. variées. TB.
458 Autres. ℞. ZUM BESTEN DES VATERLANDS 1795 (2 p. variées). 20 Kreutz. de contribution, 1795. — Ens. 4 p. Arg. TB.
459 *Wurtzbourg.* Georges Charles de Fechenbach. Buste à dr. ℞. Ecu, 1795. Thaler. Arg. 2 p. variées. TB.

460 Autres. ℟. X EINE FEINE MARK 1795. Arg. 2 p. variées. TB.
461 — Autre variété. 20 Kreutz. 1795, 1796. Arg. 13 p. TB.
462 *Eichstaedt.* Joseph de Stubenberg. Thaler et demi thaler au buste. Arg. 2 p. TB.
463 *Trèves.* Clément Wenceslas de Pologne, Thaler au buste. Arg. 2 p. variées. TB. et FDC.
464 *Fulde.* Adalbert de Herstal. Buste à dr. ℟. Ses armes. 1796. Thaler. Arg. FDC.
465 — ℟. PRO DEO ET PATRIA. 1795. — Autre. Armoiries. ℟. Semblable. Arg. 2 p. TB.
466 — Autre, coin varié. Demi thaler au buste. ℟. Armoiries. Autre; armoiries. ℟. PRO DEO ET PATRIA. 1796. — Ens. 3 p. Arg. B. et TB.
467 *Francfort.* Ducat de contribution, 1796. Or. Très beau. *Pl. III.*
468 Thaler de contribution, 1796, 2 p. variées. Arg. TB.
469 *Berg et Clèves* (Duché). Joachim Murat. Tête à dr. ℟. XVI EINE FEINE MARK 1806. Petit écu. Arg. TB. Pièces de 3 stuber. Bill. — Ens. 5 p.
470 Grand duché. Tête à dr. ℟. Armoiries, 1807 et 1808. Cassathaler. 2 p. Arg. B. et TB.
471 *Tyrol.* 20 et 1 Kreuzer de convention, 1809. *Danemark.* 1/6 thaler, 1808. — Ens. 3 p. Bill. B. et TB.
472 *Confédération du Rhin. Charles de Dalberg.* Buste à dr. ℟. Ecu de Mayence. Ducat. Or. FDC. *Pl. III.*
473 Buste à dr. ℟. Même écu, 1808. Thaler. Arg. 2 p. variées. Billons divers. — Ens. 12 p. TB.
474 Buste à dr. ℟. X EINE FEINE MARK REGENSBURG 1809. Thaler. Arg. Très beau.
475 — ℟. Ecu sur le manteau. Thaler de Ratisbonne. Demi thaler au buste, 1809 (2 p. variées). Arg. 3 p. TB.
476 *Isenbourg.* Charles Frédéric. Tête à g. ℟. Valeur. 1811. Petit écu. Arg. Très beau. *Pl. III.*
477 Ducat en argent. Tête à g. ℟. Ecusson. FDC.
478 12 Kreuzer, 1811. Même tête. ℟. Valeur. Arg. TB.
479 *Salzbourg.* Ferdinand, prince électeur. Ducat de 1803. Or. FDC.
480 Thaler, 1803. 20 Kreuzer, 1804. Arg. 2 p. TB.
481 Ducat, 1806. Or. TB.
482 Thaler, 1805 ; 20 Kreuz. 1805, 1806, 1808. Arg. Pièces diverses. Bill. et Br. — Ens. 41 p. En général TB.

483 *Hambourg*, occupée par les Français. 32 schillinge. 1808. Arg. TB.

484 Double ducat, 1810. Or. Très beau. *Pl. IV.*

485 Ducat, 1807 ; la ville debout. Or. TB. *Pl. IV.*

486 32 schillinge, 1809, signé H. S. H. — Autres, même date, signés C. A. I. G. (*engembre*), fr. en 1814 pendant le blocus du maréchal Davoust (2 p. variées). Arg. Sechsling, 1809 ; dreiling, 1807 et 1809. Bill. — Ens. 6 p. TB.

487 *Westphalie.* Jérôme Napoléon. 40 franken, 1813. Tête laurée à gauche. Or. Tranche lisse. FDC. *Pl. IV.*

488 20 franken, 1808. Même type. Or. Tranche lisse. FDC. *Pl. IV.*

489 20 frank. 1811. Or. Tranche inscrite. TB.

490 10 et 5 frank. 1813. Or. 2 p. TB.

491 Essai de 20 frank, daté 180. Cuivre doré. Tr. lisse. Très beau.

492 Autre essai de 20 frank. daté 1809. Essai de 10 et 5 frank, 1813. Br. et étain. 4 p. TB.

493 5 frank. Tête à dr. 1809. Arg. TB. *Pl. III.*

494 — Autre exemplaire semblable. Arg. TB.

495 Pièce de 2 frank. Même type. 1808. Arg. FDC. *Pl. IV.*

496 1 frank. Même type, 1808. Arg. FDC.

497 Essai de 1 frank daté 180. Tr. inscrite. Métal de composition. TB.

498 1/2 frank, 1808, FDC. 2, 1, 1/2 frank. Arg. Frustes. Pièces de bill. et de cuivre — Ens. 43 p. La plupart TB.

499 Armoiries. ℞. X THALER 1810. Or. FDC. *Pl. IV.*

500 5 thaler, 1810, même type. Or. Un peu rayé, mais TB. *Pl. IV.*

501 Tête laurée à g. ℞. Même type, 1812. Pièce de 10 thaler. Or. Très belle. *Pl. IV.*

502 5 thaler, 1812. Même type. Or. Très belle. *Pl. IV.*

503 Tête laurée à dr. ℞. X EINE FEINE MARK 1810. Thaler. Autre, 1811. Arg. 2 p. TB.

504 Autres, 1812, 1813. Arg. 2 p. TB.

505 Même tête. ℞. SEEGEN DES MANSFELDER BERGBAUES 1811. Thaler des mines. Arg. B.

506 Armoiries; dessous 2/3 ST. ℞. XXIIII MARIEN GROSCH. 1810 NACH D. LEIPZ. FUS. Arg. Très beau. *Pl. IV.*

507 2/3 thaler, au buste à g., 1808, 1809, 1810. Arg. 3 p. TB.

508 Autres, tête laurée à dr., 1811, 1813; autre avec GLUCK AUF. CLAUSTHAL IM AUGUST 1811 ; 1/6 d'écu, 1810. Arg. 4 p. TB.

509 Pièces de billon et cuivre. 35 p. En général TB.

510 *Dantzig*. Un groschen, 1809 et 1 schilling, 1808, frappés en argent. 2 p. FDC.

511 Un groschen et un schilling 1812 frappés en argent. 2 p. FDC. Groschen et schilling. Br. 4 p. — Ens. 6 p.

512 **Pologne**. *Varsovie* (Grand duché de). Ducat de 1812 au buste de Frédéric Auguste de Saxe. Or. TB. *Pl. IV.*

513 Thaler, 1812. Arg. 1/4, 1/3, 1/6 de thaler; 10, 5, 3, 1 gros. Bill. et Br. — Ens. 16 p. B. et TB.

514 2 zlote, 1813. Arg. 6 gros, 1813. Br. — Ens. 2 p. B. et TB.

515 **Maestricht**. *Siège de 1794*. Date, étoile, valeur. ℞. TRAIECTUM AD MOSAM. Etoile. Ecu de 100 stuyver. Arg. TB. *Pl. IV.*

516 Même type. ℞. Lisse. Arg. TB.

517 Demi écu de 50 stuyver. Type du précédent. Arg. TB.

518 **Révolution Brabançonne**. Lion d'or, 1790. Très beau. *Pl. IV.*

519 Ecu d'argent au même type; 1 florin, x sols, double liard et liard, 1790. Arg. et Br. 8 p. TB.

520 **Luxembourg**. *Assiégé en 1795*. Ecu de LXXII asses. Arg. Pièces de 1 sol. Cuivre. — Ens. 4 p. B.

521 **Pays-Bas**. *République Batave*. Ecu de 3 fl. au chevalier deb. pour Utrecht, 1803; pour la Zélande, 1795. Ecu à la Liberté deb. pour la Hollande, 1795. Florin à la Liberté, Hollande, 1795, 1797; Westfrise, 1796; Utrecht, 1799. 1/2 florin, même type, Westfrise, 1796. Arg. 8 p. B. et TB.

522 Indes Néerlandaises. Florin, 1/2, 1/4, 1/8 (3 p.), 1/16 (2 p.) de florin au navire. Arg. Dutes et 1/2 dutes. Br. Essai en argent de la dute. Lingot et stuyver de Java, 1799, 1800. Roupie d'argent pour Batavia, 1799. — Ens. 24 p. En général TB.

523 *Royaume de Hollande*. Double ducat au chevalier debout, Utrecht, 1807. Or. TB. *Pl. IV.*

524 Ducat, même type, 1807. Or. FDC. *Pl. IV.*

525 Ecu de 3 florins au chevalier debout, Utrecht, 1807, 1808. Arg. 2 p. TB.

526 Tête de Louis Napoléon à g. ℞. Chevalier deb., 1808. Ducat. Or. Très beau. *Pl. V.*

527 Autre, même type, 1809. Or. Très beau. *Pl. V.*

528 Même tête. ℞. Ecusson, 1809. Ducat. Or. FDC. *Pl. V.*

529 Autre, 1810. Or. FDC. Fragment d'essai en cuivre d'un ducat. — Ens. 2 p.

530 Essai de 50 stuyvers aux insignes. Buste à dr. ℟. Ecu posé sur le sceptre et la main de justice, 1807. Tr. inscrite. Arg. FDC. *Pl. V.*

531 Essai de 20 stuyvers aux insignes. Même type, 1807. Arg. FDC. *Pl. V.*

532 Essai de 10 stuyvers aux insignes. Même type, 1807. Arg. FDC. *Pl. V.*

533 Pièce de 50 stuyvers, 1807. Buste à dr. signé sous le cou GEORGE F. Arg. TB.

534 Essai de 1 florin. 1807. Même tête. ℟. Ecu accosté de I. F. Arg. TB. *Pl. V.*

535 Essai de 20 florins. 1818. Tête à g. signée GEORGE. F. ℟. Ecu accosté de 20 G.N Cuivre. 2 p. dont l'une avec tranche inscrite. B. et TB.

536 2 florins 1/2 1808. Tête à dr. ℟. Ecu accosté de 2 1/2 G.N Tranche inscrite. Arg. Très beau. *Pl. V.*

537 — Autre exemplaire, varié et moins beau.

538 Ecu de 50 stuyvers, 1808. Arg. 2 p. variées. TB.

539 Essai de 1 florin. 1808. Tête à dr. signée GEORGE. F. ℟. Ecu accosté de I. G.N Tr. inscrite. Arg. Très beau. *Pl. V.*

540 — Autre exemplaire. Bronze. Très beau. *Pl. V.*

541 Essais de Salneuve, module de 5 fr. et mod. de 2 fr. 1808, tranche inscrite. Cuivre. 2 p. TB.

542 Essai de 1 florin, 1809. Type du nº 539. Arg. TB. *Pl. V.*

543 Essai de 10 stuyvers, 1809. Tête à dr. ℟. Ecu accosté de 10 s. Tranche inscrite. Arg. Très beau. *Pl. V.*

544 Essai d'un rixdaler. Tête à dr. ℟. Chevalier deb. à dr. tenant l'écu du royaume ; dessous, 1809. Cuivre argenté. TB. *Pl. IV.*

545 Autre. Même tête. ℟. Ecu accosté de R D.R ; dessous, 1809 et abeille. Arg. FDC. *Pl. V.*

546 Essai de 20 florins. Tête à g. ℟. Ecu accosté de 20 G.N ; dessous, 1810 et abeille. Tranche inscrite. Or. Très belle pièce. Rare. *Pl. V.*

547 Essai en bronze de 10 florins, 1810. Même type. Tr. inscrite. B.

548 Ducat au chevalier, Utrecht, 1814. Or. TB.

549 Indes Néerlandaises. 1/2 florin contremarqué JAVA, 1809. Arg. Monnaies diverses de Java. Br. — Ens. 11 p. TB.

550 Roupies, 1806, 1808. Lingots. Diverses p. Br. — Ens. 35 p.

551 **Colonies Françaises.** Lot de monnaies diverses, *Louis XV*, sol, double, tampés au C couronné. *Révolution*, sols. *Louis XVIII*, 10 et 5 cent. *Charles X*, 10 et 5 cent. *Louis Philippe*, 10 et 5 cent. Br. 41 p. TB.

552 *St Domingue*. Sol Louis XVI, 1791, contremarqué S. D. (Zay 83). Sol aux balances, 1801 (Zay 85). Br. 2 p. TB.

553 Un escalin à la Liberté deb. fr. par le général Toussaint-Louverture en 1802 (Zay 81). Arg. B.

554 *La Guadeloupe*. Gourde de 9 livres, fr. en 1811 (occupation anglaise). Ecu constitutionnel de Louis XVI, 1793, percé au centre et contremarqué d'un G couronné (Zay 5). Arg. TB.

555 Gourdain de 20 sous formé du centre d'un écu, contremarqué d'un G rayonnant (Zay 6). Gourdain et moco de 2 livres 5 sous, contrem. d'un G couronné (Zay 7 et 8). 24 sols Louis XVI, 1787 et pièce usée, même contrem. Arg. 5 p. — Sol Louis XV portant un G en creux. Jeton d'une 1/2 gourde, Pointe-à-Pitre. Br. — Ens. 7 p. TB.

556 Essais en piéfort de 1 fr. et de 0.50, 1902. Mêmes pièces, fr. courante. Melchior. 4 p. FDC.

557 *St Barthélemy*. Occupation suédoise. 2 sous de Cayenne et U S A cent de 1803 contremarqués d'une couronne (Zay 39). Br. 2 p. TB.

558 *La Martinique*. Quarts de gourde coupées et dentelées valant 1 escalin (Zay 44). Arg. 2 sous de Cayenne contrem. d'un M en creux (Zay 57). Sol de la République contrem. d'un cœur couronné (Zay 59). Br. — Ens. 4 p. TB.

559 Essais de 1 fr. et 0.50 fr. en piéfort, 1897. Mêmes pièces, fr. courante. Melchior. 4 p. TB. et FDC.

560 *Ste Lucie*. Fragments de gourde coupées en trois et contremarquées S. LUCIE. Valeur 2 livres 5, 6 l. 15, 1 l. 2 s. 6 d, 3 l. 7 s. 6 d., 1 l. 11 s. 3 d., 1 l. 13 s. 9 d. (Zay 71, 72, 73, 74, 75, 76). Arg. Sol de Georges III contrem. SL. Br. — Ens. 7 p. TB.

561 *Marie Galande* (?) Sou contrem. MG. *Isles du Vent*. Br. Louis XV ; 12 et 6 sols. Arg. *Tobago*. 2 sous contrem. TB. *Cayenne*. Louis XVI ; 2 sous, dates variées. *Guyane*. 10 cent., 1818, 1846. Bill. — Ens. 24 p. B. et TB.

562 *Tunisie*. Régence. Demi livre. Or. TB.

563 Protectorat. 15 francs. Or. TB.

564 — Autre pièce variée. Or. TB.

565 20 francs, 1892 ; 10 fr. 1891. Or. 2 p. TB.

566 20 et 10 fr. de Mohammed-el-Hadi-bey. 1903. Or. 2 p. FDC.

567 Grand lot de monnaies diverses de Tunisie. Arg. Br. Nickel. 58 p. En général TB.

568 *Ile Bourbon.* 2 et 1 sols, Louis XV. *Ile de France et Bourbon.* 3 sous et 3 sols, Louis XVI. Sol contremarqué d'un lis. Br. 8 p. B. et TB.

569 *Iles de France* et *Bonaparte.* 10 livres ou piastre Decaen. Arg. Half penny de Georges III contremarqué N. *Ile Bourbon.* 10 cent., 1816. *Ile Maurice.* 50 et 25 sous. Ens. 6 p. Arg. et Bill. B. et TB.

570 *Ile de la Réunion.* Essais de 1 franc et de 50 cent. Autres, avec *essai* sur la tranche. Pièces courantes. — Ens. 6 p. Melchior. TB. et FDC.

571 *Grande Comore.* Piastre de Saïd-ben-Saïd-Omar. Arg. *Araucanie.* 10 cent. *Ouest Africain.* Jetons-monnaies. *Nouvelle Calédonie.* Br. et Nickel. — Ens. 10 p. B. et TB.

572 *Madagascar.* Ranavalo. 5 francs, 1883. Arg. 2 p. variées. FDC.

573 Autre. Buste de la reine, 1886. Arg. et Br. 10 cent. *Foutah Djalon.* 1879. Arg. — Ens. 5 p. TB.

574 *Indo-Chine.* Piastres, 50, 20 et 10 cent., 1885. Arg. 1 cent et sapèques. Cuivre. Ens. 12 p. TB. et FDC.

575 Piastre, 50, 20, 10 cent. Arg. Cent. Br. Série de l'Exposition d'Anvers, 1885. 5 p. FDC.

576 Piastre, 50, 20, 10 cent. Arg. Cent. et sapèque. Br. Série de l'Exposition Universelle, 1889. 6 p. FDC.

577 Piastres, 1895, 1900; 50 cent. 1896, 1900; 20 cent. 1895, 98, 99, 1900, 1902; 10 cent. 1888, 95, 97, 98, 99, 1900. Arg. Centimes et sapèques ; essai de 1 centime, 1896, 1908. Br. Sapèques en plomb du Tonkin. — Ens. 49 p. TB. et FDC.

578 *Cochinchine.* Essai de la piastre d'argent 1879. Essai du centime, 1879; essai de sapèque, 1878. Br. — Ens. 3 p. FDC.

579 50, 20, 10 cent. 1879; 20 cent. 1884. Arg. 1 cent. 1879, 1884. Sapèque, 1879. Br. — Ens. 7 p. TB.

580 Piastre, 50, 20, 10 cent. Arg. 1 cent. et sapèque. Br. Série de l'Exposition d'Anvers, 1885. 5 p. FDC.

581 *Inde Française.* Roupie de Chah Alam II. Fanons, double fanons et demi fanon. Arg. Caches et doudous. Br. — Ens. 20 p. B. et TB.

582 *Annam*. Arg. et Br. 4 p. *Cambodge*. Roupie. Norodom I. Piastre, 1860. Arg. et Br. Essais de 1 fr., 50 et 25 cent. Arg. Essais de 10 et 5 cent. et sapèques. Br. 1860. Essai de Brichaut, module de 5 fr. 1875. Arg. Pièces courantes, 4, 2, 1 franc, 50 et 25 cent. Arg. 10 et 5 cent. Br. — Ens. 27 p. TB.

583 **Bernadotte,** ***roi de Suède et de Norvège.*** Ducat, 1821. Or. TB.

584 Double ducat, 1843. Or. Très beau.

585 Ducat, 1842. Or. Très beau.

586 Rixdaler, 1821 ; rixdaler du jubilé, même date. Arg. 2 p. TB. et FDC.

587 Speciesdaler, 1835; 1/2, 1/3 et 1/6. Speciesdaler, 1842 ; 1/4, 1/8, 1/12, 1/16. Arg. Pièces divisionnaires diverses. Br. Jetons. Arg. — Ens. 38 p. B. et TB.

588 Speciesdaler, écu de Norvège, 1821, 1834, 1844 ; demi speciesdaler, 1819, 1827, 1844 et divisions. Arg. Pièces de cuivre diverses. — Ens. 20 p. B. et TB.

589 **Maximilien,** ***empereur du Mexique.*** Pesos, 1866, 67. 50, 10 et 5 cent. Arg. Centavo, 1864. Br. — Ens. 14 p. B. TB. et FDC.

590 **Monnaies de Convention.** *Wurtemberg*. Pièces divisionnaires fr. par Fréderic. 1806 à 1809. *Bavière*. Thaler de Maximilien-Joseph, 1813 et divisions. *Bade*. Thaler, 1813. — Ens. 32 p. Arg. Bill. et Br. B. et TB.

591 *Saxe*. Fréderic-Auguste. Thaler, 1809, 1812 et divisions. *Hesse*. Thaler, 1809 et divis. — Ens. 19 p. Arg. Bill. et Br. B. et TB.

592 *Nassau*. Frédéric-Guillaume. Thaler, 1811. Frédéric-Auguste. Thaler, 1811. Arg. Divisions. Br. *Schwarzburg*. Frédéric Gunther. Thaler, 1812. — Ens. 17 p. TB.

593 *Anhalt*. Alexis Fred. Christian. Florin, 1808. *Reuss*. Henri I. Thaler aux armoiries, 1812. Autre avec son buste. Arg. 3 p. TB.

MONNAIES D'ALSACE

594 **Colmar.** Ecu de la Ville. ℞. Aigle impériale (Engel et Lehr, pl. XI. 5). Florin. Arg. TB. *Pl. VI.*

595 Rappen vierer, plappert, doppelvierer, 3 kreutzer, batzen de 1666, bractéates. Ecu de 1666, frappe moderne. — Ens. 16 p. Arg. et Bill. B. et TB.

596 **Ensisheim (Landgraviat d'Alsace).** *Ferdinand*, archiduc d'Autriche. Double thaler sans date (EL. III. 7). Arg. TB.

597 FERDINANDVS : D : G : ARCHIDVX : AVSTRIÆ : Buste à dr. armé et tenant un sceptre fleurdelisé. Thaler. Arg. TB.

598 + FERDINANDVS + D + G + ARCHIDVX + AVSTR +. Autre buste ; le sceptre n'est pas fleurdelisé. Variété, avec + FERDINANDVS + D + G + ARCHID + AVSTIA +. Autre, avec AVSTIÆ. — Thaler. Arg. 3 p. TB.

599 — Variété avec AVSTRIÆ et les mots séparés par un double losange. Autre, sans séparation et avec les lettres I R inscrites dans les D de FERDINANDVS. Thaler. Arg. 2 p. B. et TB.

600 FERDINAND : D : G : ARCHID : AVSTRIÆ : Autres, des losanges entre les mots, variété avec ARCHIDVX. Thaler. Arg. 3 p. B. et TB.

601 *Rodolphe II,* empereur. Double thaler de 1609 (EL. V. 5). Arg. TB.

602 Thaler sans date ; autre, 1603. Arg. 2 p. B. et TB.

603 Même date, buste différent. Autres, 1606 (2 pièces variées). Arg. 3 p. TB.

604 Autres, 1608, 1611, 1613. Arg. 3 p. TB.

605 *Maximilien,* archiduc. Double thaler, 1614 (EL. VII. 6). Arg. TB.

606 Thaler, 1614 (2 p. variées), 1615. Arg. 3 p. TB.

607 Autres, 1618. 3 p. variées. Arg. B. et TB.

608 Autre, 1619. *Ordre teutonique.* Thaler. Maximilien deb. ℟. Chevalier armé dans un cercle d'écussons, 1603. Arg. 2 p. TB.

609 *Ferdinand II,* empereur. Thaler, 1621, 1623 Arg. 3 p. variées. TB.

610 *Léopold,* archiduc. Double thaler. Buste à dr. en habit d'évêque (EL. IX. 4). Arg. TB.

611 Thaler, 1620. Arg. 3 p. variées. TB.

612 Autres, 1620 et 1621 ; la date dans le champ. Arg. 3 p. variées. TB.

613 Autres, 1621 et 1622. Arg. 3 p. variées. B. et TB.

614 Autres, 1624, 1625. Arg. 3 p. variées. B. et TB.

615 Thaler de 1620 formant boîte. Arg. TB.

616 Buste armé, couronné, tenant le sceptre. Thaler de 1626, 1627 1630, 1631. Arg. 4 p. B. TB. et FDC.

617 Demi thaler s. d. (EL. X. 10). Arg. Très beau.

618 Thaler carré sans date (EL XI. 4). Arg. B.

619 Demi thaler carré. Même type (EL. XII. 2). Arg. B.

620 Divisionnaires diverses. *Ferdinand,* empereur, 10 kreutz. *Ferdinand,* archiduc. *Léopold.* Arg. et Bill. 19 p.

621 Rappen anonymes (XII. 9) et jetons du landgraviat. Bill. et Br. 6 p.

622 **Haguenau.** Florin de 60 kreutzer, 1669 (EL. XIV. 9). Arg. B.

623 Demi florin, même type, même année (EL. XIII. 8). Arg. Très beau. *Pl. VI.*

624 Dicken, s. d. 2 p. variées. Arg. TB.

625 Autres, variés et moins beaux. Dicken daté 1621. — Ens. 3 p. Arg. AB et B.

626 Zwölfer, s. d. 3, 2, 1 kreutzer variés. Denier et bractéates à la rose. Arg. et Bill. 23 p. En général B.

627 **Landau.** ***Siège de 1702.*** Plaque découpée dans un plat d'argent poinçonnée aux armes du gouverneur Mélac. Au-dessus, dans un carré IIII LIVRE et à côté, en creux, 4 s. Dessous, dans un carré LANDAV 1702. A chacun des angles, une fleur de lis, Arg. TB. *Pl. VI.*

628 II livres II s. Même type. Arg. TB. *Pl. VI.*

629 Armes de Mélac ; dessous, dans un carré 4 LIVRE. 4 S LANDAV. 1702 Fleurs de lis aux angles. Arg. TB. *Pl. VI.*

630 — Autre exemplaire varié. Arg. TB.

631 2 livres 2 s. Même type. Arg. TB.

632 — Autre exemplaire varié. Arg. TB.

633 1 livre 1 s. Même type. Arg. TB.

634 — Autre exemplaire varié. Arg. TB.

635 *Siège de 1713.* Plaque rectangulaire aux angles abattus poinçonnée au centre de l'écu de Wurtemberg. En haut, PRO CÆS : & IMP. dans un carré et en bas BEL : LANDAU 2. FL : 8 X Aux angles chiffre du prince Charles Alexandre de Wurtemberg. Arg. TB. *Pl. VI.*

636 1 FL : 4 X. Même type. Arg. Troué. B.

637 — Autre exemplaire varié. B.

638 1/2 FL : 2 X. Même type. Arg. TB.

639 **Lichtenberg.** *Jean René I de Hanau.* Testons, s. d., 1609, 1621. Arg. 4 p. B. et TB.

640 Demi teston, s. d. 12, 3, 1 kreutzer. Albus. Billons de *Philippe V*, *Philippe Wolfgang.* Bractéates. — Ens. 26 p. La plupart B. et TB.

641 *Frédéric Casimir.* Florins au buste, s. d. 2 p. variées. Arg. AB. et TB.

642 Autres, datés 1673, 1675. Arg. 12 et 2 kreutzer variés. Bill. — Ens. 8 p. B. et TB.

643 *Philippe René.* Florin au buste, 1693. Arg. 6, 2, 1 albus. Kreutzer. Bill. — Ens. 7 p. B. et TB.

644 **Molsheim.** Bractéates à la roue (EL. XXI. 6 et var.). Arg. 2 p. TB.

645 **Mulhouse.** MONETA NOVA MILHVSINA 1623. Lion deb. à g. tenant l'écu de la ville. ℟. EX VNO OMNIS NOSTRA SAL'. (EL. XXI. 8). Traces de lime. Thaler. Arg. TB. Frappe du XVIIIe.

646 Même lég. Ecu de la ville. ℟. du précédent (EL. XXI. 14). Traces de lime. Thaler. Arg. TB. Frappe du XVIIIe.

647 Kreutzer, 1623 (EL. XXII. 3. Rare). Billon TB. *Pl. VI.*

648 Rappenvierer, même date (EL. 13). Bill. TB.

649 **Murbach.** *Jean-Rodolphe.* Thaler de 1553 au titre de Charles V (EL. 9). Arg. B.

650 *Jean Ulric de Raittenau.* Florin de 1571 au titre de Maximilien II (EL. 31). Arg. Avers piqué, revers B.

651 Autre, de 1574 (non décrit dans EL.). Arg. doré. B.

652 *Léopold d'Autriche.* Son buste à dr.; dessous, 1625. ℟. Ecu d'Autriche accosté des écussons de Murbach et de Lure (EL. 63). Arg. Thaler. B.

653 Thaler au titre de Ferdinand, s. d. St Léger assis de face; à ses pieds le petit écusson de l'abbaye (EL. 64). Arg. TB.

654 Thaler, même date; le saint assis derrière un grand écusson ovale (EL. 65). Arg. TB.

655 — Autre exemplaire varié et un peu moins beau.

656 3 kreutzer d'*André d'Autriche.* 1/4 de thaler et billons divers de *Léopold.* Bractéates de *F. Egon de Furstenberg.* Arg. et Bill. 17 p. B. et TB.

657 **Strasbourg.** *Evêché.* Henri II. Tête couronnée à dr. (EL. 121). Buste couronné de face (EL. 131). Deniers. 3 p. Arg. B.

658 Frédéric II. IMPERATOR. Buste de face tenant un sceptre et une croix. ℟. ARGNTINA. Temple (Voir EL. 158). Arg. TB. *Pl. VI.*

659 Jean de Manderscheid. 3 kreutzer, 1578, 1581. 2 kreutzer, 1574, 78, 79, 90. Bill. 6 p. AB. et B.

660 Charles de Lorraine. Testons s. d. (3 p.). Autres, 1603, 1604, 1605. Arg. 3 kreutzer et kreutzer. Bill. François Egon. Kreutzer. Bill. — Ens. 14 p. La plupart B.

661 Louis Constantin de Rohan. Ecu de six livres, à son buste, gravé par J. Gamot, fr. à Oberkirch, 1759 (EL. 301). Arg. Un peu rayé mais TB.

662 Demi écu, 1760, même type (EL. 304). Arg. Très beau.

663 Cinquième d'écu, 1759 (EL. 305). Arg. FDC.

664 Sixième et douzième d'écu, 1759. Arg. 2 p. B. et TB.

665 6e d'écu semblable, mais AB. 20, 10, 5 kreutzer fr. à Gunzbourg, 1773. Arg. Kreutzer. Br. — Ens. 5 p. B. et TB.

666 *Monnaies municipales.* Pfenning à l'ange (EL. 315) — à la fleur de lis (EL. 317 et suiv.). Arg. et Bill. 41 p. En général TB.

667 Autre, dessous écusson (EL. 334). Heller. Fleur de lis. R. Croix de Malte (EL. 335). Vierer (EL. 347 et suiv.). Arg. et Bill. 10 p. B. et TB.

668 Vierer (EL. 355). Autre, contremarqué (EL. 357). Autre type (EL. 358-59). Arg. bas. 16 p. B. et TB.

669 Halbgroschen. Fleur de lis. ℟. Croix fleurdelisée (EL. 360 et suiv.). Arg. et Bill. 13 p. B. et TB.

670 Groschen (EL. 383). Autres (EL. 388 et suiv.). Kreutzer à la fleur de lis de chaque côté (EL. 398 et suiv.). Arg. et Bill. 19 p. La plupart B. et TB.

671 VRBEM VIRGO TVAM. SERVA. Vierge à l'Enfant assise de face ; dessous écu à la bande. ℟. + AVREVS. VRBIS. ARGENTINE. NV'. Globe crucigère dans un double trilobe à angles saillants (EL. 414). Florin d'or. TB. *Pl. VI.*

672 — Autre. VRBEM o VIRGO TVAM o SERVA. Même type. Dessous, écu à la bande irradiée. ℟. + AVREVS o VRBIS o ARGENTINE o NVMMUS. Globe crucigère dans un triple contour à six lobes (Voir EL. 416). Florin d'or. TB. *Pl. VI.*

673 VRBEM : CHRISTE TVAM : SERVA. Même type. ℟. * AVREVS : VRBIS : ARGENTINE : NVMVS. Globe crucigère dans un contour à cinq lobes (EL. 418). Florin d'or. B. Fêlé.

674 Même type varié. ℟. Globe crucigère dans un contour à six lobes. (EL. 422 var.). Or. TB. *Pl. VI.*

675 — Variante, même type. Or. FDC. Frappe plus moderne ?

676 Autre variété (EL. 423). Or. TB. *Pl. VI.*

677 Thaler. NVM : REIP : ARGENTORATENSIS. Ecu de la ville. ℟. SOLIVS. VIRTITVTIS. FLOS PERPETVVS. Grande fleur de lis à fond quadrillé (EL. 427 var.). Arg. TB. *Pl. VI.*

678 Mêmes légendes et type. ℟. Grand lis à fond pointillé (EL. 439). Arg. TB.

679 — Autre exemplaire de coin varié et moins beau.

680 Demi thaler. INSIG. REIP. ARGENTINATENSIS. Même type. ℟. GLORIA IN ALTISSIMIS DEO. Même lis (444). Arg. TB.

681 Quart de thaler. Type du précédent (EL. 446). Arg. Très beau.

682 Thaler carré uniface. Dans un cercle, trois écus, la date 1592 et dessous, 80 (EL. 447). Arg. TB.

683 — Autre, de coin varié et moins beau.

684 Demi thaler, type du précédent avec 40 (EL. 449). Arg. TB.

685 Dickpfenning à l'écusson de la ville (EL. 451 var. et suiv.). Dreibatzener (EL. 463). — Ens. 5 p. Arg. B. et TB.

686 Dreibatzener avec la valeur XII (kreutzer) indiquée. (EL. 473-475 et var.). Arg. Autres (Voir EL. 478 et suiv.). Arg. bas. — Ens. 16 p. B. et TB.

687 Florin. MONETA NOVA REIP. ARGENTINENSIS. Ecu de la ville ; au-dessus, LX. K. GLORIA IN EXCELSIS DEO. Lis (EL. 484). Arg. TB.

688 — Deux autres exemplaires variés. Arg. TB.

689 *Paix de Nimègue,* 1679. L'arche de Noé et la colombe, rameau au bec (EL. 602). Poids du thaler. Arg. TB.

690 *Jubilé de la réforme,* 1617. Ecu de la ville entouré d'une double légende. ℟. PRO RELIGIONIS CENTVM... etc. (EL. 607). Thaler carré. Arg. TB. Troué à l'extérieur de la légende.

691 Demi thaler carré, même type varié (EL. 611). Arg. TB. Troué à l'extérieur de la légende.

692 POST TENEBRAS LVX 1517. ℟. + IV. BILEÆVM ARGENTORATENSE 1617 (EL. 614). Arg. 3 p. variées. B.

693 *Contremarques.* En creux, écu de la ville et lis sur un 1/2 écu de Charles Gustave de Suède. Arg. TB.

694 Même contremarque sur un 1/3 de thaler de Frédéric Guillaume de Brandenbourg. Arg. B.

695 **Thann.** Plappert (EL. 10). Vierer (EL. 9). Doppelvierer (EL. 5 et var.). Batz, 1538 (EL. 16 var.). Deux batz, 1624 (EL. 39). Batz, 1624 (EL. 43). Bractéate (48). Arg. et Bill. 14 p. La plupart B.

696 **Wissembourg.** 12 kreutzer, 1622 (EL. 22). Autre type, 1626 (EL. 32). Rathgroschen, 1627 (EL. 34). 2 kreutzer, 1624 (EL. 35), 1630. 31, 32 (EL. 36, 37, 38). Kreutzer, 1629 (EL. 39). Arg., Bill. et Br. 11 p. La plupart B.

697 **Incertaines.** *Deniers muets attribués à l'Alsace.* Buste d'empereur. ℟. Buste d'abbé (EL. 10). Deniers variés à l'édifice et au temple. Arg. 19 p. B. et TB.

698 Bractéates à l'édifice ; — à l'aigle. Deniers à l'aigle. Deniers et bractéates à l'agneau. Deniers à l'ange. Bractéates au buste d'empereur, de la trouvaille de Minderslachen. Arg. 25 p. B. et TB.

699 *Divers*. Bractéates et deniers non classés. Jetons monnaies. Jetons des tramways de Bamberg contremarqué L. E. A. pour service à Thionville. Monnaies de guerre. — Ens. 51 p.

700 **Médailles**. *Hanau*. Mariage de Philippe Reinhard avec Charlotte Wilhelmine de Saxe. Saalfeld, 1705. Leurs bustes en regard. ℟. Cygne soutenant leurs écus au-dessus de la ville. 52 %. Arg. B.

701 En creux, écu du Prince de Murbach. ℟. En creux : *J'appartiens à Monsieur le Prince de Murbach*, comte d'Andlau. Arg. 34 %. TB.

702 Jeton de mariage de Fr. Suzanne de Landreau et Nicolas de Corberon. Leurs armes. ℟. Deux torches en sautoir. 1730. Br. TB.

703 **Divers**. *Lorraine*. Gros de Metz au St Etienne à genoux et divisions. *Besançon*, *Déols, Montbéliard*. Quart de thaler de Louis Frédéric, 1622. Arg. Rare. Liards, etc. — Arg. Bill. et cuivre. 18 p.

MONNAIES ÉTRANGÈRES

704 **Allemagne.** Bractéates, Monnaies diverses d'*Anhalt*, *Bade*, *Bavière*, *Brunswick*, *Hambourg*, *Hanovre*, *Nassau*, *Prusse*, *Saxe*, *Wurtemberg*. Arg. Bill. Br. 550 p.

705 *Francfort*. Double thaler, 1841. 2, 1, 1/2 gulden. Divisions. Arg. Bill. Br. 22 p. B. et TB.

706 *Wurtemberg*. Frédéric Louis. 1732. Ducat Or. TB.

707 *Reuss*. Henri XIV, XXII, XXIV 2 et 3 mark. In[illegible] I et II. 2 mark. *Waldeck* 5 mark. Arg. 9 p.

708 *Schwarzbourg Rudolstadt*. Gunther. 10 mark, 1898. Or. FDC.

709 *Schwarzbourg*, *Brême*, *Lubeck*, *Lippe*. 2 et 3 mark. Arg. 11 p. TB. et FDC.

710 *Hambourg*. 5 mark. Or. 2 mark. Arg. — Ens. 3 p. TB.

711 *Mecklenbourg*, *Oldenbourg*. 2 mark. Arg. 7 p. Arg. TB. et FDC.

712 *Hesse*. 5 mark. Or. 2 mark. Arg. *Bade*. 2 mark. Arg. — Ens. 13 p. TB. et FDC.

713 *Saxe* (Duché de). Georges. 10 mark, 1890. Or. TB.

714 5, 3 et 2 mark. Arg. 13 p. TB. et FDC.

715 *Saxe* (Royaume de). Jean V. 10 mark, 1873. Or. TB.

716 2 mark. Arg. 8 p. FDC.

717 *Bavière*, *Wurtemberg*, *Prusse*. 2 et 3 mark. Arg. 13 p. TB. et FDC.

718 *Empire d'Allemagne*. Frédéric. 5, 2 mark, 1888. Guillaume II. 3 et 2 mark. Arg. 9 p. FDC.

719 Thaler et kreutzer relatifs à la paix, 1871. Décoration de la guerre de 1870-71. Arg. et Br. — Ens. 12 p.

720 Monnaies divisionnaires diverses. Arg. Nickel. Br. 49 p.

721 *Colonies*. Roupie, 1/2, 1/4 roupie. 2 mark. Arg. 4 p. Div. Br. — Ens. 5 p. TB. et FDC.

722 **Angleterre.** *Victoria*. Buste à g. ℞. 5 FRANCS INTERNATIONAL. Dans une couronne DOUBLE FLORIN 1868. Or. FDC. *Pl. VII.*

723 Même buste; dessous 1867. ℞. ONE FRANC TEN PENCE. Ecu écartelé. Arg. FDC. *Pl. VII.*

724 Double florin de 4 shillings, 1887. Arg. Très beau.

725 **Autriche-Hongrie.** *François I*. Double ducat, Milan, 1831. Or. TB.

726 *François Joseph I.* 8 florins, 20 fr. 1871. 4 florins, 10 fr. 1891. 10 couronnes, 1897. Or. 3 p. TB. et FDC.

727 8 florins, 20 fr. de Hongrie, 1887 et 1890. Or. 2 p. FDC.

728 4 florins, 10 fr. de Hongrie, 1870 (2 variétés) 1881, 1886, 1891. 10 couronnes, 1896. Or. 6 p. TB. et FDC.

729 Monnaies diverses. Arg. Bill. Br. 106 p. *Liechtenstein.* Jean II. Gulden, 5 et 1 couronnes. Arg. — Ens. 109 p.

730 **Belgique.** *Léopold I.* Buste lauré à dr. ℟. Dans une couronne 40 FRANCS 1834. Or. Tr. inscrite. FDC. *Pl. VII.*

731 Même buste. ℟. Dans une couronne 20 FRANCS 1835. Or. Tranche lisse. Or. FDC. *Pl. VII.*

732 Essais de 40 et 20 fr. semblables aux précédents. Cuivre. 2 p. FDC.

733 5 francs, 1832. Buste lauré. Arg. Très belle.

734 2 francs, 1834. Même type. Arg. FDC.

735 2 francs, 1835; 1 franc, 1833, 1834; 1/2 fr., 1834; 1/4 fr., 1834, 1835. Arg. Essais en cuivre de 2 francs et de 1/4 de franc, 1834. — Ens. 8 p. En général TB. et FDC.

736 Lion assis à g. tenant les tables de la Constitution. Essais de 10, 5, 2, 1 cent. 1832 et 1833; tranche cannelée. Essai de 5 cent. même type, tranche lisse. Arg. 5 p. FDC.

737 Même type. 10 cent., 1832, 1847; 5 cent., 1833, 1850; 2 cent., 1833, 1835, 1845 et incus; 1 cent., 1835, 1848, 1850, 1862. Br. 13 p. TB. et FDC.

738 Essais de 5 cent., 1851. Arg. 5 cent., 1850 et 2 cent., 1859. Nickel. 1 cent., 1858. Aluminium. — Ens. 4 p. TB et FDC.

739 5 francs, 1848; 2 fr. 1843; 1 fr. 1844; 1/2 fr. 1848; 1/4 fr. 1844. Arg. 5 p. TB. et FDC.

740 Essai en bronze de 5 fr. 1849. Tr. lisse. FDC.

741 Tête nue à g. ℟. Sur un cartouche couronné, écu accosté de 5 F; dessous, 1847. Tranche inscrite. Essai de 5 francs de Lambert. Arg. FDC.

742 Tête nue à dr. ℟. Ecu sur le manteau, 1848. 25 francs. Or. TB.

743 Autre exemplaire, 1850. Or. Très beau.

744 10 francs. Même type. 1849 et 1850. Or. 2 p. TB. et FDC.

745 Essais en cuivre de 25 fr. (2 p. variées) 1848 et de 10 fr. 1849. Essais unifaces de 25 fr. — Ens. 5 p. TB. et FDC.

746 5 fr. 1849; 2 1/2 fr. 1848, 1849 (2 p.). Arg. 4 p. TB. et FDC.

747 Essais en cuivre de 2 1/2 fr. 1850; 2 fr. 1849; d'un 1/2 fr. 1850. 10 cent. 1849, tête nue à g. Br. 4 p. TB.

748 2 fr. 1849 ; 1 fr. 1849 et 1850; 1/2 fr. 1849 (2 p.) ; 1/4 fr. 1850, 1852, 1853. Arg. 8 p. B. TB. et FDC.
749 5 francs fr. à l'occasion du mariage du duc de Brabant, 1853. Arg. 10 cent. au même type; 3 p. variées. Cuivre et Nickel. — Ens. 4 p. TB. et FDC.
750 Essais, 2 fr. au lion assis, 1859; 2, 1 et 1/2 fr. à la tête nue à g.; même date. Arg. 20, 10 et 5 cent. Nickel et Cuivre. Essai monétaire, 1859; module de 10 cent. Cuivre. — Ens. 22 p. TB. et FDC.
751 20 francs; tête nue à dr. 1865. Or. TB.
752 Essais de 20 fr. en cuivre, 1864, 1865. Visite à la monnaie, 1861. 25e anniversaire de l'inauguration du roi. Arg. et Br. 8 p. TB. et FDC.
753 Essais de 20, 10 et 5 cent. 1859. Nickel. Essai de xx cent. 1860. Nickel et Cuivre. — Ens. 14 p. TB. et FDC.
754 Essais de 5 fr. en cuivre, 1847 par Lambert, Leclercq, Dargent, Jouvenel, Veyrat, Wiener. 6 p. FDC.
755 Autres avec la date 18.. par Hart, Jehotte, Wiener, Distexhe, etc. 6 p. TB. et FDC.
756 *Léopold II*. 20 francs, 1867. Or. TB.
757 — Autre, 1870. Or. Très beau.
758 — Autre, 1871. Or. TB.
759 10 francs, 1867. Tr. lisse. Or. B. Rare. *Pl. VII.*
760 Buste à g. par Jouvenel, 1865. ℟. ESSAI MONETAIRE. Mod. de 5 fr. Arg. et Br. 2 p. TB. et FDC.
761 5 francs, 1866. 2 types variés par Léop. Wiener. Tr. lisse et tr. inscrite. Arg. 2 p. FDC.
762 2, 1 fr., 50 cent., 1866. 2 fr., 1867. Arg. 4 p. FDC.
763 Essais en deux pièces de 2 fr. 1866. Arg. Même pièce fr. en cuivre. 20 fr. 1866, 5 fr. du Jubilé, 1880, fr. en cuivre. — Ens. 5 p. TB. et FDC.
764 5 fr., 1875, 1880. Divisionnaires diverses. Arg. 27 p. TB.
765 *Albert I*. 20 francs, 1914. Or. 2 p. TB.
766 2, 1 fr., 50 cent. par Devreese, 1910 et années suiv. Arg. *Congo Belge*. 5, 2, 1 fr., 50 cent. Arg. de Divis. Cuivre et Nickel. *Lot* de pièces Belges diverses, monnaies fictives, jetons-monnaie, etc. Cuivre et nickel. — Ens. 156 p. En général TB.
767 *Gand*. 5, 2, 1 fr., 0.50 frappés pendant l'occupation allemande. Br. 7 p. variées. 10 cent. carton. — Ens. 8 p.
768 *Moresnet*. Essais de 2 fr. 1848. 2 p. variées. Arg. FDC.

769 **Bulgarie.** *Alexandre I.* 5, 2, 1 leba et 0.50. Arg. Pièces de cuivre diverses. — Ens. 10 p. TB.

770 *Ferdinand I.* 5, 2, 1 leba et 0.50. Arg. Pièces de cuivre et de nickel. Ens. 11 p. TB.

771 20 et 10 leba, 1894. Or. 2 p. TB. et FDC.

772 5, 2, 1 leba, 1894. Arg. Divisions, Nickel et Cuivre. — Ens. 9 p. B. et TB.

773 **Espagne.** *Catalogne.* Peseta, 1836, 1837. *Gouvernement provisoire*, 1868, 1869, 1870. 5, 2, 1 pesetas, 0.50. Arg. Pièces de cuivre. — Ens. 23 p. en général TB.

774 *Amédée I.* 5 Pesetas, 1871. *Carthagène.* 5, 2 pesetas, 1873. Arg. 3 p. TB.

775 *Alphonse XII.* 25 et 10 Pesetas. Or. 2 p. TB.

776 25 Pesetas, 1881. Tête barbue. Or. TB.

777 5 Pesetas, 1875, 1878, 1885. 2 et 1 pesetas, 0.50. Arg. 11 p. TB.

778 *Alphonse XIII.* 20 Pesetas, 1890. Buste enfant. Or. FDC.

779 20 Pesetas, 1904. Buste adolescent. Or. TB.

780 5 Pesetas 1888, 1892, 1896. 2, 1 pesetas, 0.50. Arg. Essai de 20, 2, 1 cent. Br. — Ens. 22 p. TB.

781 *Don Carlos.* 5 pesetas, 1874 (2 variétés), 1885. 0.50. Arg. 10, 5 cent. *Val d'Andorre.* 10 cent. Br. — Ens. 7 p. TB. et FDC.

782 *Iles Philippines.* Isabelle II. 5 Pesetas, 1855. Alphonse XIII. Peso, 1897. *Porto-Rico.* Alphonse XIII. Peso, 40, 20, 5 cent. Arg. 6 p. TB.

783 *Lot* de monnaies diverses d'Espagne et du Portugal. Arg. 54 p. Br. 78 p.

784 **Grèce.** Capo d'Istria. Phénix d'arg. 1828. 20, 10, 5, 1 lepta. Br. Ens. 28 p. B. et TB.

785 *Othon.* 20 drachmes, 1833. Or. TB.

786 5 drachmes, 1833 (2 p.), 1844, 1851. 1, 1/2, 1/4 dr. Arg. 17 p. Pièces de cuivre. — Ens. 60 p.

787 *Georges I.* Essais en cuivre plaqué d'or de 20, 10, 5 drachmes; Essais de 10, 5, 2 lepta. Br. Alliage Sébillot, 20 lepta. Ens. 9 p. FDC.

788 2, 1 drachmes. 50, 20, lepta, 1873, 1874; flan bruni. Drachmes, 1868, 1874; 50 lepta, 1868. Arg. 10, 5, 2, 1 lepta. Br. Ens. 12 p. TB. et FDC.

789 Essai de 5 drachmes par Barre, 1873. Arg. FDC.

790 Essai du revers de la pièce précédente. Br. 5 drachmes, 1875 et 1876 (flan bruni). Arg. — Ens. 3 p. FDC.

791 20, 10, 5 drachmes, 1876. Or. 3 p. TB.

792 20 drachmes, 1884. Or. Divisions diverses. Arg. Br. Nickel. — Ens. 29 p. B. et TB.

793 *Crète*. 5, 2, 1 drachmes. 50 lepta. Arg. 20, 10, 5, 2, 1 lepta. Nickel et Br. Ens. 11 p. TB. et FDC.

794 **Italie**. *Victor Emmanuel I*. Visite à la monnaie de Turin, 2 Octobre 1816. Br. — 20 lire, 1819. Or. — Ens. 2 p. TB.

795 5 lire, 1816, 1820, 1821. Arg. 3 p. TB.

796 80 lire, 1821. Or. TB.

797 *Charles Félix*. 80 lire, 1827. Or. TB.

798 40 lire, 1831. Or. TB.

799 20 lire, 1822. Or. TB.

800 5 lire, 1829, 1831. 2, 1 lire, 50 et 25 cent. Arg. 5, 2, 1 cent. Br. — Ens. 14 p. TB.

801 *Charles Albert*. 20 lire. 1849. Or. TB.

802 10 lire, 1833. Or. TB.

803 5 lire, 1831 (2 p.), 1833, 1848. 2, 1 lire. 50, 25 cent. Arg. 9 p. 5, 3, 1 cent. Br. — Ens. 12 p. TB.

804 *Victor Emmanuel II*. 20 lire, 1859. Or. TB.

805 10 lire, 1857. Or. TB. 5 lire, 1851, 1861. 2, 1 lire, 50 cent. Arg. — Ens. 11 p. TB.

806 10 lire, 1860. Buste à g. ℟. REGIE. PROVINCIE DELL EMILIA. Or. TB.

807 5 lire, 1859, Bologne. Arg. FDC.

808 5 lire, 1860, Bologne. Arg. B.

809 2 lire, 1860, lire et 50 cent., 1859. Bologne. Arg. 3 p. TB.

810 2, 1 lire. 50 cent. Florence. Florin de Toscane. Arg. 8 p. 5, 2, 1 cent. Br. — Ens. 13 p. TB.

811 5 lire, 1861, Florence. Arg. FDC.

812 Essai fr. à Turin. T entre deux branches. ℟. 1860 entre deux branches. Br. TB.

813 Petit aigle ; dessous, ZECCA DI TORINO. ℟. SAGGIO DI BRONZO 1860 dans une couronne. Autre, taureau au début de la légende. Br. 2 p. B. et TB.

814 ESPERIMENTO dans une couronne. ℟. 1860 dans une couronne. Br. TB.

815 Ecu de Savoie. ℟. ZECCA DI TORINO. SAGGIO DI EROSO MISTO. G. 3. Bill. TB.

816 Essais fr. à Milan. SAGGIO DI BRONZO NICHELIFERO. Module de 2 fr. et de 0.50. Br. 2 p. TB.

817 Venise. Tête à g. ℞. Lion de Venise; essai de 5 cent. 10, 5, 2, 1 cent. divers. Br. 41 p. B. et TB.

818 5 lire, 1861, Turin. Arg. B.

819 10 lire, 1861, Turin. Or. TB. *Pl. VII.*

820 5 lire, 1862, Turin. lire 1861, Turin et Florence. 50 cent., 1861 et 1862. Arg. 5 p. B. et TB.

821 5 lire, 1862, Naples. Arg. TB.

822 2 lire, 1862 et 1863, Naples; 1863, Turin; lire, 50 et 20 cent. Arg. 18 p. B. et TB.

823 10 et 5 lire 1863 et 1865, Turin. Or. 3 p. TB.

824 5 lire 1870, 1878, Rome; 1874, Milan. Arg. 10, 5, 2, 1 cent. Br. 10 p. TB.

825 *Humbert I.* 20 lire, 1879, Rome. Or. TB.

826 5 lire, 1878, 1879; 2, 1 lire; 50 cent. Rome. Arg. 20, 10, 5, 2, 1 cent. Br. et nickel. — Ens. 26 p. TB.

827 *Victor Emmanuel III.* Projets de 100, 20, 2 lire et de 10 cent. par Johnson, 1903. 20 cent. de l'exposition. Br. 5 p. FDC.

828 20 lire, 1903, Rome. Or. FDC. *Pl. VII.*

829 2 lire, 1901, 1905, 1908, 1911 (2 var.); lire, dates variées. Arg. 11 p. TB.

830 5 lire du cinquantenaire, 1911. Divisions. Arg., Br. et nickel. 28 p. TB.

831 *Révolution à Milan*, 1848. 40 lire du gouvernement provisoire de Lombardie. Or. TB.

832 20 lire, même type. Or. TB.

833 5 lire. Arg. 1 lire aluminium. — Ens. 2 p. TB.

834 *Révolution à Venise*, 1848. 20 lire. Or. FDC.

835 5 lire (3 p.). Arg. 15, 5, 3, 1 cent. Br. — Ens. 8 p. TB.

836 *République de St Marin.* 5, 2, 1 lire, 50 cent. Arg. 10, 5 cent. Br. — Ens. 11 p. TB

837 *Monaco.* Honoré V. Essai de 5 francs, 1837, par Rogat. Arg. FDC.

838 5 francs, 1837. Arg. Pièces de cuivre, essais d'étain. — Ens. 12 p. TB.

839 1/4 franc; 2 fr. du cercle. Arg. 40 et 20 fr. frappés en cuivre, 1838. Décime et 5 cent., 1838. Br. — Ens. 7 p. TB.

840 Charles III. 20 francs, 1879. Or. TB.

841 *Erythrée.* Humbert I. 5, 2, 1 lire. 50 cent. Arg. 5 p. TB. et FDC.

842 *Parme.* Charles III. 5, 3, 1 cent. 1854. Br. FDC.

843 Robert I et Louise de Bourbon. 5 lire. 1858. Arg. TB.

844 *Etats de l'Eglise.* Pie IX. 20 lire. 1866, 1867. Or. 2 p. TB.

845 10 lire, 1866. Or. TB.

846 5 lire. 1867, 1870 (2 p.). 2 1/2, 2, 1 lire. 10, 5 soldi. Arg. et pièces de cuivre diverses. République Romaine, 1849. Siège de Rome, etc. 35 p. TB.

847 20, 10, 5 lire. Or. 4 p. TB.

848 2, 1 lire. 10, 5 soldi. Arg. 4, 2, 1, 1/2 soldi et 1 cent. Br. — Léon XIII. 5 lire de fantaisie, 1878, (2 var.). Arg. — Ens. 30 p. TB.

849 *Milan*. Visites à la Monnaie, 1815, 1816; module de 5 fr. Arg. 3 p. TB.

850 *Lot* de Monnaies Italiennes et Papales. Arg. 50 p. Br. 165 p.

851 **Luxembourg**. Essai de 5 francs, 1889. Arg. 10, 5, 2 1/2 cent. Br. et nickel. Ens. 27 p.

852 **Pays-Bas**. Lot de monnaies diverses. Arg. 25 p. Br. 24 p.

853 **Roumanie**. *Charles I*. 20 lei, 1870. Or. TB.

854 Autre, 1890. Or. Très belle.

855 5 lei, 1880 (2 p.), 1881 (2 p.), 1884, 1901. Divisions diverses. Arg. Br. Nickel. — Ens. 58 p. B. et TB.

856 25 et 12 1/2 lei, du cinquantenaire, 1906. Or. 2 p. Très belles.

857 20 lire du Jubilé, par A. Michaux, 1906. Tête de chaque côté. Or. 5 lei, 1 leu, même type; 2 lei, 1 leu, 1910. Arg. — Ens. 5 p. FDC.

858 **Russie**. *Nicolas I*. 3 roubles, 1844. Platine. TB.

859 3 roubles, 1835. *Alexandre III*. 5 roubles, 1890. Or. 2 p. TB. et FDC.

860 *Pologne*. Ducat au chevalier debout, 1831. Or. TB.

861 *Finlande*. 20 mark. 1878, 1880. Or. 2 p. TB.

862 10 mark, 1878, 1880. Or. 2 p. TB.

863 Divisions diverses. Arg. et Br. 38 p. TB.

864 *Lot* de monnaies Russes et Polonaises. Arg. 40 p. Br. 46 p.

865 **Scandinavie**. *Charles XV*, Roi de Suède et de Norvège. 10 francs. 1869, 1872. Or. 2 p. TB.

866 *Antilles Danoises*. 20 francs, 1905. Or. 20 cents et divis. Arg. Br. et Nickel. — Ens. 7 p. TB. et FDC.

867 *Lot* de monnaies scandinaves. Arg. 15 p. Br. 50 p.

868 **Serbie**. *Michel Obrénovitch III*. 10, 5, 1 para. Br. *Milan*. 5, 2, 1 dinars, 50 para. Arg. 10, 5 para. Br. — Ens. 16 p. TB.

869 20 dinars, 1879, 1882; 10 dinars, 1882. Or. Pièces de nickel. Ens. 10 p. TB.

870 *Alexandre I*. Essais de 2 et 1 dinars, 1890. Arg. 2 p. FDC.

871 2, 1 dinars, 1897. *Pierre I.* 5, 2, 1 dinars, 50 para. Arg. — Ens. 9 p. B. et TB.

872 **Suisse.** *Confédération Suisse.* Projets de monnaie. Tête de la République Française par Oudiné et par Merley. ℟. MONNAIE SUISSE. ESSAI. 1851. 4 p. variées. TB.

873 — Autres, par Barre et par Dupré. 4 p. TB.

874 Essais de 10 cent., 1850; 2 cent., 1851, refonte. Essai, 1852. 5 p. TB.

875 5, 2, 1, 1/2 fr., 1850. Arg. 20, 10, 5 cent. Nickel. 2, 1 cent. Br. — Ens. 13 p. fr. en France. TB.

876 5, 1, 1/2 fr. Arg. 20, 10, 5, 2 cent. — Ens. 7 p. fr. en France. TB.

877 2 fr., 1860, 62, 63. 1 fr., 1861. Arg. Pièces de nickel, de cuivre et d'étain. — Ens. 14 p. fr. à Berne. B. et TB.

878 20 francs. HELVETIA. 1871. Ecusson. ℟. 20 FR. dans une couronne. Or. FDC.

879 Tête laurée à g.; dessous, 1871. ℟. HELVETIA. Ecusson. 20 F. Or. Très belle.

880 La Suisse assise à g. A l'ex. : HELVETIA. ℟. Dans une couronne 20 FR. 1873 entre deux points. Or. TB.

881 — Autre, avec trois points. Or. TB.

882 5 fr., 1873, 1874 (2 p.). Arg. 3 p. TB.

883 Essai de Bovy. Buste à g. ℟. PRESSE MONETAIRE M. L. BOVY A GENÈVE. Dans une couronne ESSAI 1855. Module de 5 fr. Arg. FDC.

884 — Même pièce. Deux autres de petit module. Br. 3 p. TB.

885 Tête laurée à g.; dessous, 1854. ℟. ESSAI DE PRESSE MONETRE M. L. B. Arg. et Br. et variété Br. 2 fr., 1860 à l'écusson par Bovy. 2, 1, 1/2 fr. 1874, 75. Arg. 20, 10, 5 cent. Nickel. — Ens. 10 p. TB.

886 20 francs, 1886. Or. TB.

887 20 francs, 1888, 1889. Or. 2 p. TB.

888 Essai de 5 fr. Buste à g. ℟. Valeur dans un cercle d'écussons. Arg. Tr. lisse. TB.

889 — Buste à dr. ℟. Même type varié. Arg. Tr. lisse. TB.

890 — Buste à g. ℟. Ecusson dans un cercle d'étoiles. Arg. Tr. lisse. TB.

891 5 francs, 1888, 1922, 1923. Arg. 3 p. TB. et FDC.

892 20 francs au buste d'Helvetia, 1897. Or. FDC.

893 10 francs, même type, 1911, 1915. Or. 2 p. FDC.

894 2, 1, 1/2 francs variés. Arg. 20, 10, 5 cent. Nickel. 2, 1 cent. Br. 111 p. TB.

895 *Jetons* de la société suisse de numismatique. 25 p. Général Dufour. Tunnel du St Gothard. Br. 27 p. TB.
896 *Schwitz, Uri, Unterwalden.* Bill. et Br. 26 p. B. et TB.
897 *Schwitz.* Gulden et divis. Arg. Bill. et Br. 56 p. B. et TB.
898 *Zoug.* Thaler, 1621. Ange tenant l'écu. Arg. B.
899 Demi thaler, 1621. Divis. Arg. Bill. Br. 25 p. B. et TB.
900 *Lucerne.* Gulden, 1714. 40 Kr. 1793. Demi-dicken, 1623. 1/4 thaler, 1715. Arg. 4 p. B. et TB.
901 Thaler (40 batz), 1796. 20 batz, 1795. 40 kr., 1796. Divisions. Arg. Bill. Br. 37 p. B. et TB.
902 10 franken, 1804, Or. Très beau. *Pl. VII.*
903 4 franken, 1813. 40 batz, 1817. Divisions. Arg. Bill. Br. 31 p. B. et TB.
904 *Zurich.* 1/4 ducat, 1718. Or. TB.
905 Stampferscher thaler, sans date. Schnabelthaler, 1559. Divisions. Arg. Bill. 8 p. B. et TB.
906 Thaler et 1/2 thaler, 1647. 1/2 thaler, 1652. Arg. 3 p. B.
907 Thaler, 1716, 1723, 1727, 1739. Divisions. Arg. Bill. Br. 17 p. B. et TB.
908 Thaler, 1773, 1777, 1781. 1/2 thaler, 1756, 1761, 1776, 1780. 20 schil., 1776. Arg. 9 p. B. et TB.
909 Thaler, 1783, 1790, 1794. 1/2 thaler, 1786. xx schil., 1790, 1792. 8 batzen, 1810. 10, 5 schil. Arg. 9 p. B. et TB.
910 Thaler (40 batz.), 1813. Arg. 2 p. TB.
911 20 batz., 1813, 1820. 10, 8 batz. Divisions. Bractéates de Fraumunster. Médaille, 1804. 19 p. Arg. Bill. B. et TB.
912 Zwingli. Buste à dr. ℟. LVCE EVANGELII, etc., 1819. Or. TB.
913 *Berne.* 30, 20, 10 kreutzer. Divisions. Arg. Bill. 46 p. B. TB.
914 Thaler et 1/2 thaler, 1679. Arg. 2 p. TB.
915 Thaler. Suisse deb. 1795. 1/2 thaler, 1796, 1797. Arg. 4 p. B. et TB.
916 Thaler, 1798. Arg. 2 p. variées. Très belles.
917 Franc et divisions. Arg. Bill. 35 p. B. et TB.
918 Ecus Louis XV, 1729, 1761, contremarqués 40 B Z. Arg. 2 p. B.
919 Ecus Louis XVI, 1787, 1792; 6 livres, 1793. Même contremarque. Arg. 3 p. B. et TB.
920 Thaler, 1818. Annexion du Jura au canton de Berne. Arg. TB.
921 Thaler, 1823, 1835. 1/2 thaler, 1835. Arg. 3 p. TB.
922 Thaler (4 franken), 1826. Arg. FDC.
923 Essai de 1 cent., 1838. Br. 5 batz et divis. Bill. — Ens. 17 p. TB.

924 *Coire*. Monnaies des Evêques ; monnaies de la ville. Arg. Bill. — Ens. 30 p. B. et TB.
925 *Grisons*. 16 franken, 1813. Or. Très beau. *Pl. VII.*
926 10, 5, 1, 1/2, 1/6 batzen. 18 p. Haldenstein. Montfort. Arg. Bill. — Ens. 28 p. B. et TB.
927 *Argovie*. 4 franken, 1812. 20 batz., 1809. Arg. 2 p. TB.
928 10, 5, 1, 1/2 batzen. 2, 1 rappen. Arg. Bill. 34 p. TB.
929 Beromunster. 1/2, 1/4 écu. 12 1/2 batzen. 20, 10, 4 kreutzer. Arg. Bill. 11 p. TB.
930 *Soleure*. Dicken au buste de St Ours, plappart. Arg. 2 p. TB.
931 20 batzen et divisions. Arg., Bill. 49 p. B. et TB.
932 4 franken, 1813. Divisions. Arg., Bill. 14 p. B. et TB.
933 *Fribourg*. Divisions diverses. Arg., Bill. 50 p. B. et TB.
934 4 franken, 1813. 10 batzen et divisions. Ossuaire de Morat. Arg. Bill. 28 p. B. et TB.
935 *Neuchatel*. Marie de Longueville 20, 16 kreutzer. Divisions. Arg. Bill. 11 p. B. et TB.
936 Frédéric I. Thaler à son buste, 1713. Arg. TB. *Pl. VII.*
937 Divisions. Arg., Bill. 8 p. B. et TB.
938 Frédéric Guillaume II. 21, 10 1/2 batzen. Arg. Divisions. Bill. 19 p. TB.
939 Frédéric Guillaume III. 21 batzen, 1799. Arg. Divisions. Bill. Médaille de fidélité, 1831. 19 p. B. et TB.
940 *Glaris*. 15, 3, 1 schilling. Bill. 7 p. B. et TB.
941 *Appenzell*. 4 franken, 1812, 1816. 2 franken, 1812. Divisions. Arg. Bill. 1750. B. et TB.
942 *Thurgovie*. 5, 1 batzen. 2, 1 kreutzer. *Schaffouse*. Thaler, 1621 et divisions. — Ens. 30 p. Arg., Bill. B. et TB.
943 *St Gall*. 5 batzen et divisions. Abbaye. Thaler, 1770 et divisions. Bractéates. — Ens. 39 p. Arg., Bill. B. et TB.
944 Thaler, 1780. Arg. 2 p. variées. TB.
945 Ville. Thaler, 1621. Dicken, 1503. Divisions. Arg. Bill. 17 p. B. et TB.
946 *Bâle*. Doublon, 1795. Or. TB. *Pl. VII.*
947 Thaler, 1621, 1622. Arg. 2 p. B.
948 Autre, l'écu accosté de basilics, 1622. Arg. B.
949 Divisions. Bractéates. Arg. Bill. 18 p. B. et TB
950 Thaler, 1640. Arg. 2 p. variées. B.
951 Vue de la Ville. Thaler. Arg. 3 p. variées. B. et TB.
952 1/2, 1/4 thaler. Arg. 4 p. TB.

953 Thaler, 1/2 thaler, 1741. 1/4 thaler, 1740. Arg. 5 p. TB.
954 Double thaler. Vue de la ville. ℞. Ecu tenu par un basilic. Arg. TB.
955 Autre, baselstab entouré de la légende DOMINE. CONSERVA. NOS. IN. PACE. Double thaler. Arg. TB.
956 Thaler, 1756, 1765. Divisions. Arg. Bill. 14 p. B. et TB.
957 Thaler, 1793. Arg. 2 p. variées. TB.
958 Thaler, 1785, 1795. Arg. 5, 3, 1, 1/2 batz. 2, 1 rappen. Arg. Bill. 16 p. B. et TB.
959 5 batz et 5 rappen concordataires. Evêché, bractéates. Pièces divisionnaires. Jeton, 1788. Arg. Bill. 39 p. B. et TB.
960 *Genève.* Ecu 1722. Divisions diverses. 12, 6, 1 sols pour les soldats, 1590. — Ens. 74 p. Arg. Bill. et Br. B. et TB.
961 20, 10 francs, 1848. Or. 2 p. TB.
962 Essai GENEVA. CIVITAS. 1893. OR. SVISSE. 2 gr. 3. Or. FDC.
963 10 et 5 francs, 1848. Arg. 2 p. TB.
964 10 francs, 1851. Arg. TB.
965 Essai de 5 francs, 1891. 6me Centenaire. Arg. Très beau.
966 25, 10, 5, 4, 2, 1 centime. Arg. Bill. Br. 30 p. TB. Lausanne, évêché. Deniers. Arg. 3 p. B.
967 *Vaud.* Ecu Louis XVI, 1790, contremarqué 39 BZ. Arg. B.
968 40 batz, 1812. 20 batz, 1810, 1811. 10 batz, 1804, 1811, 1823. Arg. 6 p. TB.
969 5, 1, 1/2 batz. 2 1/2, 1 rappes. Bill. 1 franc, 1845. Arg. — Ens. 5 p. B. et TB.
970 *Valais.* Evêché de Sion. République du Valais. Divisions diverses. Arg. Bill. 58 p. B. et TB.
971 *Tessin.* 4 franchi, 1814. Arg. 2 p. variés. TB.
972 2 franchi, 1813. 1, 1/2, 1/4 franco. Divisions. Arg. Bill. 22 p. TB.
973 **Pays hors d'Europe.** *Etats Unis d'Amérique.* 2 1/2 dollars, 1850, D. 1 dollar, 1852, 1862. 1/2, 1/4 dollar. Or. 6 p. TB.
974 Monnaies diverses, des Etats-Unis et des Philippines. Arg. 34 p. Br. et nickel. 20 p.
975 *Brésil.* 2000 Reis, 1752. *Amérique centrale*, 1 peso, 1871. *Guatemala.* 4 réaux, 1860. Or. 3 p. TB.
976 *Pérou, Chili, Bolivie, Brésil, Colombie, Uruguay, Argentine, Mexique, Haïti,* etc. Arg. 76 p. Bill. Br. Nickel. 68 p.
977 *République Dominicaine.* 5 francos et franco, 1891. Peso et 1/2 peso, 1897. Divisions. *République du Pérou.* 5 pesetas, 1880, 1881. Peseta 1880. — Ens. 12 p. Arg. Nickel. Br. TB.

978 *Venezuela*. 5 fr., 1858. Buste de Liberté. 2, 1, 1/2 reales, 1858. Arg. Divisions. Br. et Nickel. — Ens. 15 p. B. et TB.

979 20 francs, 1887. Tête de Bolivar. Or. TB.

980 Autre, 1904. Or. TB.

981 Essais de 5, 2 1/2, 1. 1/2. 1/4 francs par Barre, 1873, 1874. Tête de Bolivar. Arg. 5 p. FDC.

982 5 fr et divisions. Arg. 18 p. TB.

983 *Guyane indépendante*. Essai de 5 fr, 1887. Arg. Essai de 20 cent. 1887. Nickel. 2 p. TB.

984 *Perse*. Monnaies diverses. Or. 2 p. Arg. 14 p. Br. 6 p. B. et TB.

985 *Egypte. Maroc*, etc. Or. 1 p. Arg. Bill. Br. Nickel. — Ens. 97 p. B. et TB.

986 *Abyssinie*. Ménélick. Talari et divisions. *Transval*. Burgers. Krüger, 14 p. *Afrique*. Cauris. 6 p.

987 *Chine*, *Japon*, *Corée*, *Siam*. Arg. 14 p. Etain et cuivre 16 p.

988 **Lot** de monnaies françaises et étrangères diverses. Arg. Br. Bill. Nickel.

989 **Monnaies de Guerre**. Chambre de commerce d'Evreux. 2 fr., 1 fr. (5 p.). Br. d'aluminium. 6 p. TB.

990 Jetons-monnaies français. Br. Nickel. Aluminium. Zinc. etc. Lot à diviser.

991 Autre lot semblable.

992 Jetons-monnaies d'Alsace, des pays Rhénans et d'Allemagne. Lot à diviser.

MÉDAILLES ET JETONS

993 **Médailles et Jetons de tir**. TOVT. MON ESPOIR EST EN DIEV. 1549. Sphère. ℞. POVR DE DEVX ARCS. VISER. AV. LIEV. Arcs et flèches. Cuivre. B. *Pl. VII.*

994 *Chevaliers de l'arquebuse de Paris*. Buste de Louis XV. ℞. Arbalète et arquebuse en sautoir. Jeton. Arg. TB. *Pl. VII.*

995 *Arquebusiers*, 1760. Buste de Louis XV. ℞. Arquebuses en sautoir dans une arquebuse. *Pl. VII.*

996 Armes de Paris. ℞. EQUITI SCLOPETARIO VICTORI PRIMUM PRÆMIUM URBS PRÆBET. 68 %. — Autre variété, 54 %. Refr. Br. 2 p. TB.

997 *Paris*. Cercle des carabiniers, 1840. Jetons et médailles, concernant le tir. Arg. 2 p. Br. 15 p.

998 Grand lot de médailles. Prix de tir. insignes. Arg. 29 p.

999 Union nationale des Sociétés de tir. Médailles et plaquettes. Arg. 6 p. Br. 5 p. TB.

1000 Sociétés de tir de Paris et de la banlieue. Br. 30 p. TB.

1001 Médailles de tir de Versailles et de la région Parisienne. 18 p. Arg. TB.

1002 *Argenton*, *Amiens*, *Besançon*. Arg. 4 p. Br. 4 p.

1003 *Bourgogne*. Dijon, Auxonne, Autun, Nuits. Médailles diverses. Arg. 9 p. Br. 8 p.

1004 *Chambéry*. Ecu de Savoie. ℞. Canon. Autre. Mortier, canon, arquebuse. Br. 2 p. TB.

1005 *Charleville*. Jeton de la compagnie d'arquebuse, 1671. Médaille de la Société de tir. Br. 2 p.

1006 *Château-Thierry*. Tir La Fontaine. Arquebuse. Jetons. Arg. 2 p. Br. 3 p. TB.

1007 *Corbeil*. Amateurs de la cible, 1810. Jeton. Arg. TB. *Pl. VII.*

1008 Variété sans date. Arg. TB. *Pl. VII.*

1009 Jetons de l'arquebuse. Louis XV et XVI (refr.). Médaille. Arg. 2 p. Br. 3 p.

1010 *Coulommiers*. Arquebuse. Buste de Louis XVI. Jeton. Br. B.

1011 *Compiègne*, *Clermont*, *Chatellerault*, etc. Jetons et médailles. Arg. 6 p. Br. et Etain. 5 p.

1012 *La Ferté-sous-Jouarre*. Prix provincial 1766. Jeton. Arg. TB.

1013 *Etampes*, *Le Hâvre*, *Laon*, etc. Jetons et médailles. Arg. 13 p. Br. 6 p. TB.

1014 *Lyon*. Archers. Armes de Lyon. ℞. Apollon à côté du serpent Python. Jeton. Arg. TB.

1015 Renommée volant à dr. ℞. Arcs et flèches. Autre ; Renommée à g. Jetons. Arg. 2 p. TB.

1016 Arquebusiers. 1741. VICTORI. PRAEMIA. PONIT. Armes de Lyon. ℞. Arquebuses et lance. Jeton. Arg. TB.

1017 Même écu, sans légende. ℞. Semblable au précédent. Arg. TB.

1018 Même type. 3 variétés de cartouches. Arg. 3 p. TB.

1019 Autre variété, le cartouche surmonté d'un médaillon au buste de Louis XV. Arg. et Br. 2 p.

1020 Jeton de l'arquebuse de Villeneuve de Lyon, 1770. Arg. TB.

1021 Médailles de Sociétés de tir. Arg. 8 p. Br. 5 p.

1022 *Marseille*, *Nice*, *Toulon*. Médailles. Arg. 3 p. Br. 4 p.

1023 *Melun*, *Meaux*, *Montbéliard*, *Lille*, *Douai*, *Valenciennes*. Médailles. Arg. 5 p. Br. 6 p.

1024 *Pas de Calais*. Médailles. Arg. 3 p. Br. 6 p.

1025 *Provins*. Arquebuse. Arg. 2 p. Br. 3 p.

1026 *Reims*. Jeton des arquebusiers, 1707. Br. TB.

1027 Sociétés de tir rémoises. *Rouen*. Arg. 2 p. Br. 9 p.

1028 *Strasbourg*. Tir de 1576. LVDIS PVBL: RESP: ARGENTI: F: Au-dessous, écu accosté de 1576. ℞. SOLIS VIRTVTIS FLOS PERPETVVS. Lis (EL. 576). Poids du florin d'empire. Arg. B. *Pl. VIII.*

1029 Légende variée. ℞. Arbalète entre deux mousquets en sautoir (EL. 577). Quart de florin. 7 gr. 5. Arg. TB. *Pl. VIII.*

1030 — Autre exemplaire, moins beau. 6 gr. *Pl. VIII.*

1031 ANGEFANGEN : IM : IAR : 1227 : VOLEND : IN : 28 : IAREN : HOCH : 574 : SCVCH : Vue de la cathédrale. Dans le champ ANNO DOMINI 1576. Sur un cartouche. ℞. WARD : GEHALTEN : ZV STRASBVUG IM : IAR : 1576 : DEN : 27 : MAII : Vue du tir (EL. 578). Arg. doré. Coulée. B. *Pl. VII.*

1032 Tir de 1590. Artilleur devant un canon. ℞. IM 90 IAR. DIES SCHIESSEN VOLBRACHT WAR. Ecu de la ville (EL. 579). Arg. Trouée. B. *Pl. VIII.*

1033 Lion regardant à g. tenant l'écu. ℞. Artilleur derrière un canon ; dans le fond, la ville et des tentes (Cf. EL. 582). Arg. TB. *Pl. VIII.*

1034 Même droit. ℞. Homme tirant au mousquet (EL. 583). Arg. B. *Pl. VIII.*

1035 IM 90 IAR.. etc. 12 écussons. ℞. Artilleur ; derrière, vue de la ville (EL. 586). Arg. doré. 48 %. B. *Pl. VIII.*

1036 Canon ; au-dessus, écu accosté de 15 90. ℟. SOLIVS VIRTVTIS FLOS PERPETVVS. Lis (EL. 587). Poids du thaler. Arg. TB. *Pl. VIII.*

1037 Mêmes lég. et type. Poids du demi thaler : 14 gr. 5 (EL. 588). Arg. TB. *Pl. VIII.*

1038 Même pièce, 5 gr. (EL. 589). Arg. doré. B. *Pl. VIII.*

1039 Mêmes lég. et type, plus petit module. Poids du quart de thaler : 7 gr. (EL. 590) Arg. TB. *Pl. VIII.*

1040 Médailles modernes de tir. *Colmar*, *Metz*. Arg. Etain. Cuivre. 10 p.

1041 *Soissons*. Jetons et médailles de l'arquebuse soissonnaise. Arg. 3 p. Br. 2 p. TB.

1042 *Troyes*. Jetons de l'arquebuse. Buste de Louis XV. Arg. 2 p. variées. TB.

1043 Buste de Louis XVI. Arg. 2 p. Br. 1 p. TB.

1044 Jetons et médailles de *Senlis*, *St-Etienne*, des *Vosges*, de la *Lorraine*, de l'*Ain*, etc.. Arg. 14 p. Br. 23 p.

1045 **Concours et fêtes annuelles de tir.** *Vincennes* 1884. Médailles de la ligue des Patriotes. Arg. 1 p. Br. 3 p. TB.

1046 *Vincennes*, 1885. Même type. Arg. 2 p. Br. 2 p. TB.

1047 *Lyon*, 1891. Gloria Victis. Arg. 2 p. Br. 1 p. TB.

1048 *Satory*, 1892. République de Naudé. Arg. 1 p. Br. 2 p. 1896. Gloria Victis. Arg. et Br. — Ens. 5 p. TB.

1049 *Marseille*. 1899. Méd. de G. Martin. Arg. 2 p. et Br. TB.

1050 *Satory*, 1900. Plaquette. Arg. et Br. Gloria victis. 3 p. Arg. 2 p. Br. — Ens. 7 p. TB.

1051 *Rennes*, 1901. *Rouen*, 1902. Arg. et Br. 4 p. TB.

1052 *Mâcon*, 1903. Plaquette et médaille. Arg. et Br. 4 p. TB.

1053 *Lyon*, 1904. Plaquette et médaille. 4 p. Arg. 2 p. Br. TB.

1054 *Maison Laffitte*, 1905. Plaquette. Arg. 2 p. Br. 2 p. TB.

1055 *Nancy*, 1906. Plaquette et médaille. Arg. et Br. 4 p. TB.

1056 *Pau*, 1907. Plaquette et médaille. Arg. 1 p. Br. 3 p. TB.

1057 *Reims*, 1908. Arg. 1 p. Br. 2 p. *Le Mans*. Plaquette. Arg. 1 p. Br. 2 p. — Ens. 6 p. TB.

1058 *Roubaix*, 1910. Arg. Br. et Br. argenté. 3 p. TB.

1059 *Grenoble*, 1911. Plaquette et médailles. Arg. 5 p. Br. 3 p. TB.

1060 *Bayonne-Biarritz*, 1912. Plaquette et médaille. Arg. 3 p. Br. 4 p. TB.

1061 *Rennes*, 1913. *Rouen*, 1914. *Maisons-Laffitte*, 1919. *Rennes*, 1920. *Lyon*, 1921. *Marseille*, 1922. Arg. 6 p. Br. 10 p. TB.

1062 **Suisse.** *Zoug.* Vue de la ville. ℞. La Justice et Minerve. Tir de 1827. Arg. FDC.

1063 *Coire.* 4 franken. Tir de 1842. Arg. TB.

1064 *Bâlé.* Tir de 1844. Module de l'écu. Arg. et Br. FDC.

1065 *Glaris*, 1847. 40 btz. Arg. TB.

1066 *Aarau*, 1849. Module de l'écu. Arg. et Br. FDC.

1067 *Genève*, 1851. *Lucerne*, 1853. Module de l'écu. Arg. 2 p. TB.

1068 *Soleure*, 1855. *Berne*, 1857. *Zurich*, 1859. 5 fr. Arg. 3 p. TB.

1069 *Nidwalden*, 1861. *La Chaux de Fonds*, 1863. *Schaffouse*, 1865. *Schwyz*, 1867. 5 fr. Arg. 4 p. TB. et FDC.

1070 *Zoug*, 1869. *Zurich*, 1872. *St-Gall*, 1874. *Lausanne*, 1876. 5 fr. Arg. 4 p. TB.

1071 *Bâle*, 1879. *Fribourg*, 1881. *Lugano*, 1883. *Berne*, 1885. 5 fr. Arg. 4 p. TB. et FDC.

1072 Médailles des tirs de *Genève*, 1887. *Frauenfeld*, 1890. *Glarus*, 1892. *Winterthur*, 1895. *Neuchatel*, 1898. Arg. 6 p. TB. et FDC.

1073 — *Lucerne* 1889 et 1901. *St-Gall*, 1904. *Zurich*, 1907. *Berne*, 1910. *Zofingen*, 1900. Arg. 7 p.

1074 *Genève.* Exercice de l'arquebuse. Société des carabiniers. *Médailles diverses* de tir. Arg. 17 p. TB.

1075 Médailles diverses. Br. et étain. 20 p. TB.

1076 Module de 2 et 1 fr. de tirs divers. Arg. Pièces de cuivre, aluminium, zinc, carton ; médailles diverses. — Ens. 87 p.

1077 **Allemagne.** Thaler des tirs fédéraux de *Francfort*, 1862. *Brême*, 1865. *Vienne*, 1868. *Hanovre*, 1872. Arg. 4 p. TB. et FDC.

1078 Médailles des tirs de *Stuttgart*, 1875. *Dusseldorf*, 1878. *Munich*, 1881. *Leipzig*, 1884. *Francfort*, 1887. *Berlin*, 1890. Arg. 8 p. TB.

1079 — *Mayence*, 1894. *Nuremberg*, 1897. *Dresde*, 1900. *Hanovre*, 1903. *Munich*, 1906. Tirs *badois* (3 p.) et de *Glogau.* — Ens. 11 p. Arg. TB.

1080 **Autriche.** Tirs fédéraux de *Vienne*, 1880 et 1898. *Innsbruck*, 1885. *Graz*, 1889. *Brunn*, 1892. Tirs de la *Basse-Autriche.* Société de *Vienne.* Arg. 16 p. TB. et FDC.

1081 **Lot** de médailles étrangères. Arg. Etain. Br. carton. 50 p.

1082 **Alsace.** Louis XIV. Médailles de 41 %, concernant l'Alsace. 17 p. Louis XV. 3 p. Br. TB. Quelques refrappes.

1083 Jetons et médailles d'Alsace. Br. Et. 41 p.

1084 Metz, Strasbourg, Décembre 1918. Bustes de Poincaré et de Clémenceau, par Henry Nocq. Br. 68 %. TB.

1085 Cinquantième anniversaire du mariage de Jean Dollfus et de Anne-Catherine Bourcart. 1872. Arg. 41 %. TB.

1086 Cinquantième anniversaire du mariage de M. J. Kœchlin et de Mlle Climène Dollfus. 1819. Br. 30 %. 5 p. TB.

1087 Médailles de personnages alsaciens. Br. Et. 15 p.

1088 A Jean Dollfus, 1822, par Chaplain. Br. 69 %. TB.

1089 Gustave Canet, Charles Risler, Maurice Prud'homme. Plaquettes et médaille de Ch. Pillet. Br. 3 p. TB.

1090 Auguste Lalance, par Vernon. Plaquette. Arg. TB.

1091 — Même pièce. Union Franco Américaine, monument de Bartholdi. Br. 2 p. TB.

1092 Charles Wagner, Dr Aug. Salathé. Plaquettes de Prud'homme. Br. 2 p. TB.

1093 Au professeur Hartmann, par Fix. Masseau. Br. 68 %. TB.

1094 *Strasbourg*. Corporations. 1628. Ecu de la ville entouré des écussons des corporations. ℟. Vue de la ville (EL. 542). Arg. 44 %. TB.

1095 Ecu de la ville entouré d'une double légende. ℟. Semblable au précédent (EL. 547). Arg. 44 %. TB.

1096 Ecu de la ville. ℟. Vue de la ville (EL. 553). Arg. doré. 26 %. B.

1097 Ecu de Strasbourg entouré des écussons des dix villes impériales de la préfecture de Haguenau. ℟. Vue de la ville (EL. 559). Arg. 45 %. B.

1098 1629. Ecu de la ville dans une bordure festonnée. ℟. Vue de la ville (EL. 564). Arg. doré. 35 %. TB.

1099 1628. Main céleste. ℟. Les éléments (EL. 566). Arg. 26 %. TB.

1100 Buste du Christ. ℟. L'Agneau (EL. 567). Arg. 26 %. TB. Trouée.

1101 Médaille de mariage. 1629. Couple se donnant la main. ℟. Main céleste bénissant un cœur (EL. 574). Arg. doré. 37 %. TB.

1102 Alliance avec Zurich et Berne, 1588 (EL. 596). Paix de Nimègue, 1679, 2 p. (EL. 604). Arg. 3 p. TB.

1103 Jubilé de 1655 (EL. 618). Arg. Carré. TB.

1104 Jubilé de 1817 (EL. 619. 620 et var.). Arg. Etain. 6 p. TB.

1105 Jubilé de 1781. Buste de Louis XVI à dr. ℟. ARGENTORATUM· FELIX VOTIS SECVLARIBVS MDCCLXXXI. Arg. et Br. 41 %. TB.

1106 ARGENTORATUM. etc., PRID. CAL. OCTO. Fleur de lis. A l'ex. MDCCLXXXI. ℟. Ecu de la famille Franck (EL. 627 *bis*). Octog. Arg. TB.

1107 — ℞. Buste du dauphin. (EL. 623, 624). Arg. et étain. 2 p. TB.
1108 Même lég. au centre. LUD. XVI OPTIMO PRINCIPI (EL. 626). Arg. et étain. 2 p. Hexag. TB.
1109 — Variété avec VOTIS SECVLARIBVS. XXX. SEPTEMBRIS. MDCCLXXXI (EL. 627). Arg. Hexag. TB.
1110 Vue de la Ville. ℞. SIT. SALVS. etc. (EL. 628). Etain. TB.
1111 Académie 1667. (EL. 632). Arg. TB.
1112 L'empereur assis sur un trône, à ses pieds, un personnage à genoux. ℞. Ecu de la ville (EL. 630). Arg. TB.
1113 Comète, 1681. DER. STERN. etc. (Voir EL. 654). Arg. 27 %. TB.
1114 Rhinocéros, 1748. Visite de Louis XV (EL. 677). Etain. 2 p. TB.
1115 Visite de Marie-Antoinette, 1770. (EL. 678). Etain. TB.
1116 Dietrich, premier maire de Strasbourg, 1790. Buste à g. ℞. Vue de la ville. (EL. 692 et 693). Etain. 2 p. TB.
1117 Louis XIV. Médailles 41 % concernant Strasbourg. 5 p. Autres de grand module. Br. et étain. 10 p. TB. Quelques refrappes.
1118 Jetons et médaille, pion de tric-trac, concernant Strasbourg. Jetons de réformateurs. Arg. 1 p. Br. 7 p. Bois. 1 p.
1119 République française, an 8. Santé publique; sur la tranche AU CHIRURGIEN M^OR WEILL DE STRASBOURG — 1801. Arg. TB.
1120 Napoléon aux mânes de Desaix. Arg. et Br. Entrée de Marie-Louise à Strasbourg. Arg. et Br. — Ens. 6 p. TB.
1121 Kléber. Médailles diverses et clichés. Arg. Br. Etain. 13 p.
1122 Gutenberg. Médailles diverses. Arg. Br. Etain. 8 p.
1123 Réunion musicale alsacienne. Strasbourg, 1830. Arg. Br. 2 p. TB.
1124 Jeton du canal Monsieur, 1821. Octog. Arg. TB.
1125 Société des Sciences, éclairage, etc. Jetons. Arg. 6 p. TB.
1126 Médaille de sauvetage décernée par le ministère de l'intérieur à Barthe, Strasbourg, 1830. Arg. 51 %. TB.
1127 Corps législatif. Claparède, 1858, 1866. Arg. 2 p. TB.
1128 Concours agricoles, médailles diverses. Arg. 8 p. TB.
1129 Cathédrale. Br. Etain. 9 p. TB.
1130 Tombeau du maréchal de Saxe. Br. Etain. 6 p. TB.
1131 Chemin de fer, de Strasbourg à Bâle. Kœchlin et frères concessionnaires. Conseil d'administration, loi du 6 Mars 1838. Arg. 41 %. TB.
1132 — Compagnie anonyme, loi du 6 Mars 1838. Br. 41 %. TB.
1133 — Inauguration 19 sept. 1841. Arg. et Br. 41 %. 2 p. TB.
1134 — Jeton argent, 1838. Octog. TB.

1135 Chemin de fer de Mulhouse à Thann. ℞. Chemin de fer de Strasbourg à Bâle. Br. 41 %. TB.
1136 Chemin de fer de Paris à Strasbourg 1854. 66 %. Médailles populaires, même sujet. Br. Etain. 8 p. TB.
1137 Personnages strasbourgeois. Br. 13 p. TB.
1138 Hospices civils, jury de concours. Arg. et étain. Deutsche anthropol, gesellschaft. 1907. Br. — Ens. 3 p. TB.
1139 Gedœchtnissthaler au buste de Zeppelin, 1908. Arg. TB.
1140 Médailles et insignes concernant Strasbourg. Br. Etain. 42 p.
1141 *Belfort.* Laminoirs de Valdoie, médailles d'aluminium. Médailles diverses. Br. — Ens. 16 p. TB.
1142 *Colmar.* Jeton, 1821. Visite du roi, 1828. Arg. et Br. 3 p. TB.
1143 Médaille de sauvetage décernée en 1841 par le ministère de l'intérieur à Fritsch de Colmar. Arg. 51 %. TB.
1144 Médailles diverses. Arg. 1 p. Br. 8 p. TB.
1145 *Lobsann.* Société des mines d'asphalte. Jeton au buste de Louis-Philippe. Octog. Arg. TB.
1146 *Mulhouse.* Visite de Charles X, 1828. Arg. 41 %. TB.
1147 Société industrielle, sociétés diverses. Arg. 9 p. TB.
1148 Comptoir d'escompte. Ecole primaire. Société industrielle. Bourse. Jetons. Arg. et Br. 12 p. TB.
1149 Société industrielle. Médailles diverses. Br. Etain. 42 p.
1150 Insignes. Concours de musique, de gymnastique, etc. Arg. Br. Etain. Aluminium. 57 p.
1151 Centenaire de la réunion par Vernon. A Emilio Noelting, par Chaplain, par Bottée. Albert Scheurer. Jules Siegfried par Yencesse. Dollfus et Noack. Br. 6 p. TB.
1152 *Saverne.* Notaires de l'arrondissement (B. 398). Octog. Br. TB.
1153 *Thann.* Entrée des Français; plaquette. Octog. Br. 2 p. TB.
1154 *Marienthal.* Couronnement de la Vierge. *Rhin et Moselle.* Assurances. Etc. Arg. 5 p. TB.
1155 Médailles et jetons de villes d'Alsace. Arg. Br. Etain. 49 p.
1156 Insignes de concours, de sociétés, etc. 71 p.
1157 Jetons de brasseries, de restaurants, tickets métalliques, principalement de Mulhouse. Médailles de Ste Odile. 169 p.
1158 **Napoléon I.** Millesimo, retour des cendres, arc de triomphe, etc. Médaillettes des sœurs de l'empereur. Br. 22 p. Etain. 1 p.
1159 **Versailles.** Buste de Louis XVI ℞. LE ROY A DÉCORÉ DE CETTE MÉDAILLE JOSEPH CHRETIEN, NATIF DE VERSAILLES, AGÉ DE 17 ANS, QUI S'EST COURAGEUSEMENT PRÉCIPITÉ SOUS LA GLACE ET EN A RETIRÉ

DEUX ENFANS PRES DE PERIR. LE 23 DÉCEMBRE 1785. Br. 41 %. TB.

1160 Notaires sous Napoléon I. (B. 438. TN. XXIX. 19). Arg. TB.

1161 Maison philantropique, chambre des huissiers, sociétés, etc. Arg. 9 p. et Br. 19 p.

1162 **Suisse**. Bundesthaler par Stampfer. Les trois Suisses. ℟. Croix dans un cercle d'écussons. Arg. 2 p. variées. TB.

1163 — Autres. Arg. et argent doré. 3 exemplaires variés. B. et TB.

1164 Autre. Date ajoutée : 1513. Arg. TB.

1165 Médaille de baptême offerte à la princesse Claudia de France. Main tenant une banderolle dans un cercle d'écussons. ℟. Croix dans un cercle d'écussons. Arg. 2 p. Br. 1 p.

1166 Médaille de H. I. Gessner. Guerrier deb. ℟. FORTISSIMUM etc. Cercle d'écussons. Arg. 39 %. TB.

1167 Naissance du duc de Bourgogne. Fête donnée à Soleure par M. de Paulmy ambassadeur de France. 1751. Arg. 39 %. TB.

1168 — Même pièce. Alliance avec la Suisse, 1663 et 1664. Br. Monument aux Suisses 1892. Aluminium. — Ens. 4 p. TB.

1169 Lot de médailles et jetons Français. Arg. 22 p.

1170 Grand lot de médailles et jetons. Br. Etain. Aluminium. 145 p.

1171 Galvanos et moulages de monnaies et médailles. Un lot.

DÉCORATIONS

1172 *Légion d'honneur.* Napoléon I. 3e type. Croix de chevalier. TB.

1173 Restauration. Buste d'Henri IV. ℟. Trois lis. Croix de chevalier. TB.

1174 Louis Philippe. ℟. Drapeaux tricolores en sautoir. Croix de chevalier. TB.

1175 Révolution de 1848. Buste de Bonaparte. ℟. précédent. Croix de chevalier. TB. Miniature, même type. — Ens. 2 p.

1176 Napoléon III. Croix de chevalier. République. Croix d'officier en Br. doré. — Ens. 2 p. TB.

1177 *Fidélité.* Buste de Louis XVIII sur une étoile à 5 branches. TB.

1178 *Croix de juillet.* Coq sur une étoile à trois branches. TB. Médaille de juillet. Arg. TB. — Ens. 2 p.

1179 *Médaille militaire.* Tête de Louis Napoléon. ℟. La queue de l'aigle coupe le cercle émaillé. Arg. TB.

1180 — Autre, la queue de l'aigle ne coupe pas le cercle. Arg. TB.

1181 République. Trophée double-face fixe ; trophée mobile ; trophée uniface. Arg. 3 p. Croix de Ste-Hélène. Br. et Aluminium. — Ens. 5 p. TB.
1182 *Expéditions*. Italie ; Chine, 1860 ; Mexique. Arg. 3 p. TB.
1183 Tonkin (2 var.). Madagascar, 1883-86 et 1895. Dahomey. Chine, 1900-1901. Annam. Maroc. Médaille coloniale. Arg. 9 p. TB.
1184 *Guerre de 1870*. Armée du Rhin. Méd. commémorative. Méd. de Belfort. Insignes de la Société de secours aux blessés. Arg. et Br. 7 p. TB.
1185 *Sauvetages. Colonies*. Insignes de *sauveteurs*. Arg. 9 p.
1186 *Secours mutuels*. Médailles du *travail*. *Encouragement au bien*. Arg. et Br. 7 p.
1187 *Mérite agricole. Etoile d'Anjouan. Dragon d'Annan. Cambodge. Bénin*. 6 p. TB.
1188 *Italie*. Médaille de l'Indépendance, 1859. Valeur militaire. Croix de Savoie. ℟. GUERRE D'ITALIE 1859 et, en creux PASCAL LIEUT 84me LIG. Autre. ℟. Couronne. Arg. Croix de Mentana. Arg. Méd. papales, 1849. Br. — Ens. 7 p.
1189 *Crimée* et *Baltique* au buste de la reine Victoria. *Russie*. Méd. militaire, Nicolas II. *Mexique*. Mérite militaire, Maximilien. N.-D. de Guadelupe. — Ens. 5 p.

LIVRES DE NUMISMATIQUE

1190 **Bonneville** (A.). *Encyclopédie monétaire*. Paris 1849. gr. in-f° 197 pl. Relié.
1191 **Corragioni**. *Münzgeschichte der Schweiz*. Lucerne, 1896, gr. in-4°, 50 pl. Relié toile.
1192 **Demole**. Histoire monétaire de Genève de 1792 à 1848. Genève 1892, in-4° 6 pl. Relié.
1193 **Engel et Lehr**. *Numismatique de l'Alsace*. Paris, 1887, gr. in-4°, 46 pl. Relié.
1194 **Florange** (Jules). *Souvenirs numismatiques du tir Français*. Paris, 1899, in-4°, 8 pl. Broché.
1195 **Hanauer**. Etudes économiques sur l'Alsace. Tome I. *Les Monnaies*. Paris et Strasbourg. 1876. In-8° Relié.
1196 **Henseler**. *Essai sur les monnaies de Fribourg*, 1884, in-8° 7 pl.
1197 *Antoine Bovy*. Fribourg, 1881, in-8°, 6 pl. Br.
1198 **Heyden** (H.-V.). *Ehren-zeichen*, in-8°. Relié toile.

1199 **Lehr** (E.). *Les écus de cinq francs*, in-8°, 16 pl. en relief.

1200 *Les monnaies des Landgraves autrichiens de la Haute-Alsace.* Lausanne, 1896, in-8°, 12 pl. Br.

1201 **Levrau t**. *Ancienne monnaie de Strasbourg*. 1874, in-8°; relié.

1202 **Nahuys**. *Histoire numismatique du Royaume de Hollande sous le règne de S. M. Louis Napoléon*, 1858, in-4°. 13 pl.

1203 **Schlickeysen**. Erklarung der Abkuerzungen auf Muenzen etc... 2e édition, Berlin. 1882, in-8°. Relié toile.

1204 **Schwalbach** *Die neuesten Deutschen thaler, doppelthaler und doppelgulden*. Leipzig, 1883, in-4°, 3 pl. Relié.

1205 **Steenackers**. *Histoire des ordres de chevalerie en France.* Paris, 1867, gr. in-4°, 3 pl. Relié.

1206 **Suchier** *Die Münzen der Grafen von Hanau*. 1897, 20 pl.

1207 **Zay**. *Histoire monétaire des Colonies Françaises*, Paris, 1892, avec supplément, in-8°. Nombreuses figures. Br.

1208 **Revues**. *Gazette Numismatique Française* de F. Mazerolle. 1897 à 1905. 9 vol. gr. in-8°. Reliés.

1209 *Procès verbaux* de la Sté Française 1897 à 1915. 3 vol. in-8°. Rel.

1210 *Bulletin de la Sté Suisse* 1882 à 92. 6 vol. Rel.

1211 *Revue Suisse de Numismatique*. Années 1891 à 1916 reliées en 19 vol. Années 1917 à 22, 6 fascicules brochés.

1212 **Catalogues de Ventes, Brochures**. *Ventes Van Peteghem.* Collections Legras (1re vente), G***, Maillet, Médailles de 1870-71 ; petit catalogue à prix marqués. 5 vol.

1213 *Collection Eug. Chaix*. Monnaies et médailles d'Alsace. Vente à Paris, 1883. 1 pl. Prix au crayon.

1214 *Collection Schœn de Mulhouse* (ex. sur Hollande), vente à Paris, 1900. Pl. et prix. *Collection Dewanin* (sans les pl. ; prix au crayon). Vente à Paris 1901.

1215 *Collections Paul Ch. Strœhlin*. Ventes à Genève. 1re partie (2 exemplaires) 21 pl. et 3e partie, 54 pl. Prix d'adjudication.

1216 *Ventes de monnaies Suisses de Léo Hamburger*. Mars et Septembre 1910. Collection Jklé, Ford et Paul Joseph, B. in K. Raritaten-Cabinet VI et VII, Spezialsammlung, III, Mars 1920. Monnaies diverses, Paul Joseph, 9 catalogues.

1217 *Monnaies Royales et Seigneuriales*. Collection Henry Meyer, classement chronologique; 1 vol. in-8, br. et atlas de 6 pl. relié. Catalogue de Rollin et Feuardent, 1900. Ens. 3 vol.

1218 *Lot* de catalogues de ventes, français et étrangers.

1219 Lot de brochures diverses, tirages à part. etc., plusieurs concernant l'Alsace.

OR
18
OR
110
OR
112
AR
102
OR
245
OR
244
AR
106
AR
61
OR
284
OR
226
OR
227
OR
271
OR
285
BR
40
AR
59
AR
130
AR
178
AR
176
AR
272

OR 291
OR 293
OR 295
OR 297
OR 321
OR 335
AR 346
BR 370
BR 368
BR 424
BR 371
BR 372
BR 420
BR 374
BR 375
BR 376
BR 377
OR 397
OR 399

Etienne BOURGEY. expert, 7, Rue Drouot, Paris.

Ets Le Deley - Paris

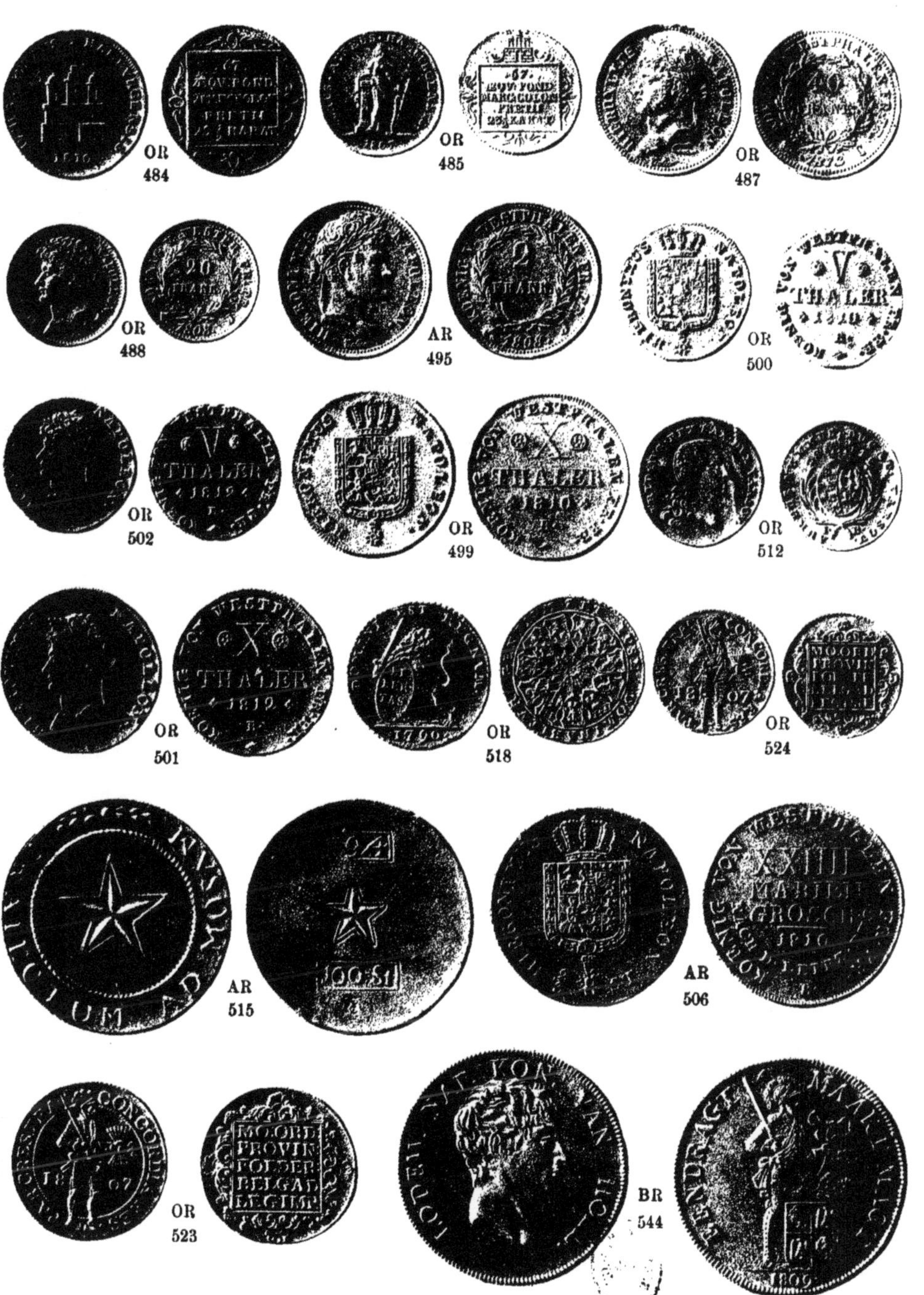
OR
484
OR
485
OR
487
OR
488
AR
495
OR
500
OR
502
OR
499
OR
512
OR
501
OR
518
OR
524
AR
515
AR
506
OR
523
BR
544

OR
526
AR
534
AR
543
OR
546
OR
528
OR
527
AR
530
AR
531
AR
532
AR
536
AR
539
BR
540
AR
545
AR
542

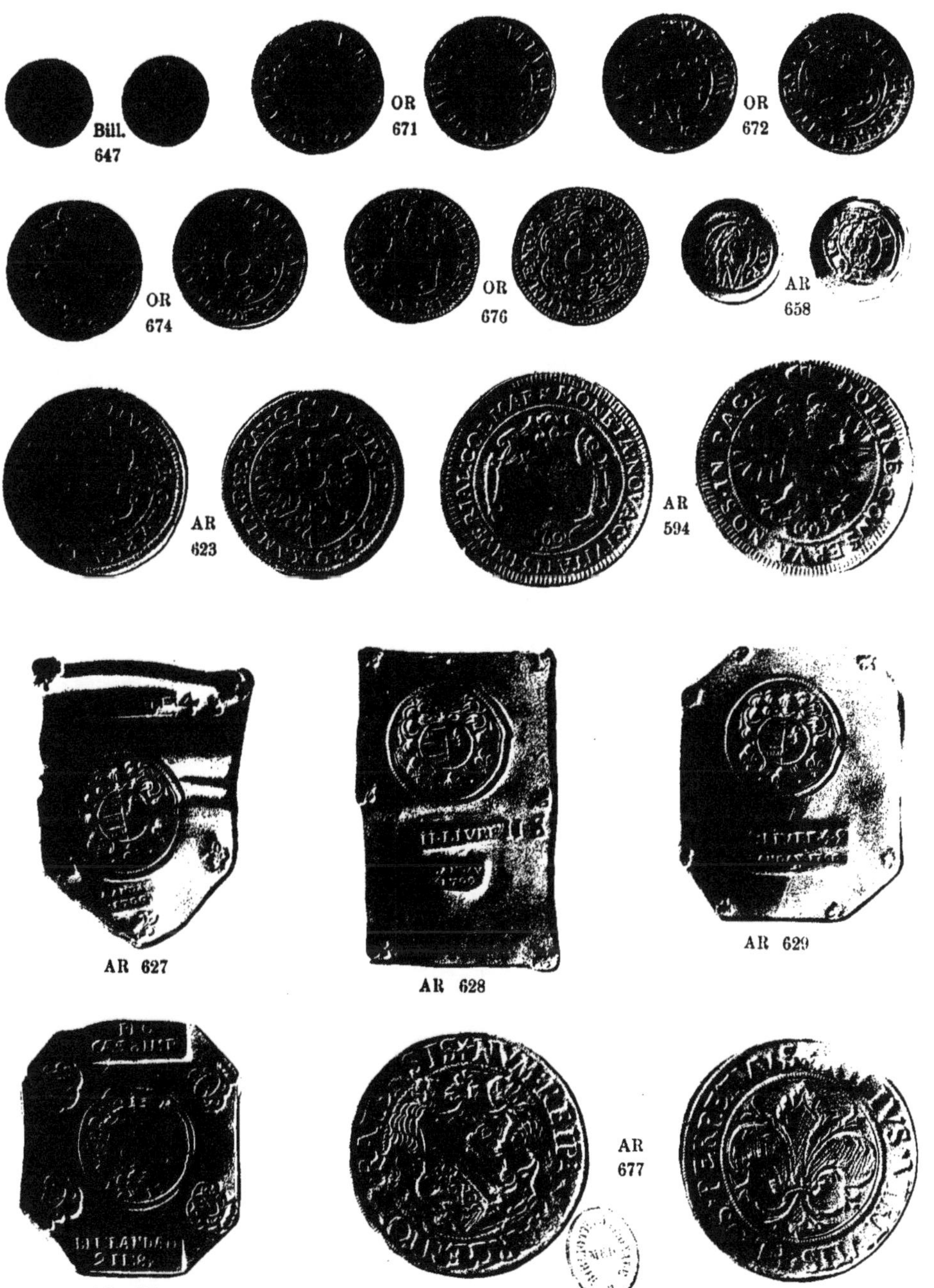

Bill. 647

OR 671

OR 672

OR 674

OR 676

AR 658

AR 623

AR 594

AR 627

AR 628

AR 629

AR 635

AR 677

Etienne BOURGEY, expert, 7, Rue Drouot, Paris.

Ets Le Deley - Paris

AR 1029

AR 1028

AR 1036

AR 1030

AR 1033

AR 1032

AR 1039

AR 1037

AR 1038

AR 1034

AR 1035

www.ingramcontent.com/pod-product-compliance
Ingram Content Group UK Ltd.
Pitfield, Milton Keynes, MK11 3LW, UK
UKHW020951180726
13838UKWH00003B/1261